谢宗玉 ╋ 父
谢笑篱 ━ 子
　　　　谈
　　　　话
　　　　录

# 老爸，
# 我想把这个
# 世界整明白

谢宗玉 谢笑篱 著

湖南少年儿童出版社
HUNAN JUVENILE & CHILDREN'S PUBLISHING HOUSE

图书在版编目（CIP）数据

老爸，我想把这个世界整明白 / 谢宗玉，谢笑篱著. —长沙：湖南少年儿童出版社，2018.12
ISBN 978-7-5562-3819-4

Ⅰ. ①老… Ⅱ. ①谢… ②谢… Ⅲ. ①人生哲学—青少年读物 Ⅳ. ①B821-49

中国版本图书馆CIP数据核字（2018）第117927号

LAOBA WO XIANG BA ZHEGE SHIJIE ZHENG MINGBAI
老爸，我想把这个世界整明白

总策划：吴双英
责任编辑：康沁芯　蒋晶晶
书籍设计：肖睿子
质量总监：阳　梅

出版人：胡　坚
出版发行：湖南少年儿童出版社
地　　址：湖南省长沙市晚报大道 89 号（邮编：410016）
电　　话：0731-82196340　82196341（销售部）82196313（总编室）
传　　真：0731-82199308（销售部）82196330（综合管理部）
印　　刷：湖南立信彩印有限公司
开　　本：32 开
印　　张：6.75
版　　次：2018 年 12 月第 1 版
印　　次：2018 年 12 月第 1 次印刷
定　　价：35.00 元

常年法律顾问：湖南云桥律师事务所　张晓军律师
版权所有·侵权必究
质量服务承诺：如有印装质量问题，请向本社调换。

# 目 录

自序：曲线救国　　　／ 001

幻想与现实　　　／ 007
文明是个什么东西　　　／ 014
文艺是干什么用的　　　／ 024
我们为什么要学那么多没用的东西　　　／ 052
人类为什么要歌唱爱情　　　／ 089
美是从哪里来的　　　／ 106
聊聊死亡这件事　　　／ 127
情商是怎么回事　　　／ 146
鲁迅他们为什么要反传统文化　　　／ 161
过去与未来　　　／ 183

# 自序：曲线救国

2014年夏初，我家吵得不可开交，矛盾的焦点集中在小谢子身上。那时小谢子读初二下学期，考试一败再败，成绩一跌再跌。廖同学坚决要去学校附近租房陪读，一家人都反对，但反对无效。廖同学太强势了，我们拗不过她。

极不情愿地搬过去，然后在周边选培训机构，找家教老师，昂贵的房租和家教费让我犯怵，但小谢子的成绩还是没多大起色。一家人毫无头绪，只能彼此指责。闹得大家都疲倦了。

有一次，我与廖同学坐在地下车库，心平气和地你一句我一句，憋屈地接受了小谢子中等之资的现实。明灭不定的晦暗灯光，透过车玻璃，笼罩车内两个疲软的身影，像深水区不再挣扎的溺者。我们无可奈何地感叹：成绩也不是万能的，东边不亮西边亮，后进生成才的也大有人在，小谢子以后未必一点好前景都没有。

不关注成绩后，我平时看到什么好文章，若觉得对小谢子会有裨益，不管是否在考试范畴内，都会推荐他读一读，廖同学也不再怕耽搁小谢子功课而加以阻拦。

看完文章，小谢子若是困惑，父子俩还会就某个问题进行讨论，廖同学偶尔也会参与进来。这种讨论随意、热烈、温馨、恣肆，充满了趣味。撇开成绩不提，一家人又回到了从前其乐融融的状态。

突然有一天，我们发现，"放任自流"的小谢子，成绩居然呈回升之势。看了我的拙文《老谢向右，小谢向左》的读者就知道，中考时小谢子突然大放异彩，以优异的成绩考进了湖南最牛的高中。其中物理和化学都得了满分，这是我们万万没想到的。

更让我们高兴的是，仿佛一瞬间，小谢子就已长大成人，从懵懂童年过渡到了机敏少年，一副破茧化蝶的态势。像一棵冬笋，在厚壤和毛壳的重重包裹下，拔节而出，浑身都透着清新和灵动。

小谢子觉得，应该是那些不起眼的闲聊在暗处发力了。自进初中以来，学业压力突然加重，这时困惑、忧郁、迷惘、倦怠等情绪一齐袭来，他既看不透世界真相和社会本质，又品不出存在价值和生命意义，还找不到命运逻辑和未来方向。所以苦读也就没有半点动力可言，我们越是强迫，他越反感，成绩也就越上不去。而闲聊，让他发现了世界的深度和广度。就像走在一线天似的昏暗峡谷，走着走着，眼前逐渐出现了一马平川，前后左右都能打量得非常清楚。然后自我有了，存在感有了。再然后，有了对生命负责的念想，有了拼却一场为青春的豪情。

如果把未知的事物比作黑暗，那么最初，我们就像点着烛火走在无月无星的旷野。周围除了一点小小的光团外，其余全被无边无际的黑暗给霸占了。我们既看不清来路，也找不到去路。天宽地阔的人文世界是个什么模样，我们一无所知。而我们能够感知的，就是眼前这小小光团。稍一移动，原先烛照的地方又复归黑暗。我们像一只只被刺瞎眼睛的蜜蜂，在无知的世界里懵懂活着。这时候，叫我们如何去刻苦努力，奋发自强？

我终于意识到，相对青春期的小谢子来说，有比成绩更重要的东西。我要用一种最简洁的方式，让他知道自己处在一个什么样的世界里，让他明白人类是怎样一群生物，让他懂得人文社会的构成有几重维度，让他知晓文明是如何运转的……总而言之，我需要有照彻宇宙的光芒来捅破他周遭千重万重的黑暗，让他对自我、对世界、对文明有一个宏观而清晰的把握。而他们的一些课本，更多的是培养他们的社会适应能力和对具体事务的处理能力，比如数学、物理、化学、生物、英语等。

接下来的闲聊，我便有意识地引导他往问题的更深处去，透过纷繁的表象，直抵事物的本质。我们的话题既宏大又虚幻，充满了思辨色彩。这些话题与功课学业无关，与经世致用也无关，我只想对他进行最本原的哲学启蒙。我还特意把我们的谈话都录了音，然后认真整理、修改、润色，使每一个话题都能独立成篇。等有空的时候，再拿出来，让他加深理解。两年时间下来，竟有了一本书的规模。

我不再关心小谢子功课的具体进程，但在全国排前五的长郡中学，小谢子的学业成绩居然还不错，到高三，他还"杀"进了理科重点班，这确实让我们吃惊。与惨淡的初中相比，有着天壤之别。这小子变得越来越神奇了，相信在未来的日子里，一定会精彩不断，好戏连台。

这本书的标题是《老爸，我想把这个世界整明白》，事实上，世界太混乱、太复杂了，世界就是一团解不开的麻纱，世界是整不明白的。我想要的，只是用最短的时间，为小谢子撑开一个看得见的光亮世界，让他能找到自我，找到前行的方向，以及来时的脚印。我们的这些讨论，不管是我的观点，还是小谢子的观点，当然不是百分之百的正确，但在探讨的过程中，小谢子能获得更广阔的视野，对他以往的知识，绝对能起到一个补缺、修正、点悟、连缀、升华的作用。

有亲朋好友向我咨询子女的教育问题，我便拿这些谈话去"搪塞"，没想到大受家长和孩子们的欢迎。有人"怂恿"我将这些谈话拿去发表或者出版，我还有些犹豫，但看了2017年刚出来的高考作文题，我不禁大吃一惊，我想如果孩子们能早些看到我们这些谈话，那么要写这个"中国关键词"的作文题，一定会有说不完的话吧？而且我深信，在视野和见解上，也会有不同于常人的广度和深度。既然这样，我便拿来出版吧，希望对所有的学子都有裨益。

最后我想说的是，此书所有观点，都是探讨式的，需要读者依靠自己的认知能力去辨识。此书最大的乐趣，不是告诉孩子们什么是正确的思想，而是教会孩子们如何运用正确的思维逻辑，去寻找属于自己的世界观、价值观和人生观。

# 幻想与现实

老爸,你没发觉最近我在闹忧郁?

这次段试,三门主科都是B,3B,你可以啊。还好意思闹忧郁?

别只把眼睛盯着成绩,好不好?我的忧郁跟成绩无关。我只是越来越觉得什么都不对劲。

怎么不对劲了?

初中差不多要毕业了,跟我想象的不一样,我原以为,越长大会越好,现在发现,越长大越难受。这不是我想要的生活。我不但忧郁,而且迷茫。老爸,你不会笑我装文艺吧?

怎么会?记得你五岁时在乱草丛中画了一只小鸭子,题目就叫《我的忧伤谁知道?》,要笑,我的大牙早没了。说实话,我能理解你的忧郁和迷茫。

**真的?**

当然。有一句话叫作:理想很丰满,现实很骨感。这话的意思你懂吧?就是说,我们设想的那个样子,简直天花乱坠,想什么有什么,很丰富,也很丰满。实际情况呢,要什么没什么。现实仿佛只剩一把瘦骨,一口残气。你把未来想得太美好,现实又太残酷,反差太大,所以你才会闹忧郁,闹迷茫。

**我为什么会把未来想得美好?**

呵呵,按说这个问题得问你自个儿才对。但绝大多数孩子都会把未来想象得很美好,所以这个问题也是大家的问题。正因为是大家的问题,你自个儿是无法解答的。也因为是大家的问题,老爸也不一定能解答。我这么说吧,是因为大人们需要你们把未来想象得很美好,也是因为人类的整体利益需要你们把未来想象得很美好,所以我们会利用一切文明手段向你们灌输未来美好的概念。如果把社会比作季节，那么春天必定会百花开放，秋天必定会硕果累累。这几乎成了大家的惯性思维，都不需要问原因和理由，仿佛这一切都是必然的，我们一定会有一个美好的未来。

**停一下。人类的整体利益是个什么东西？**

打个比方说吧，一颗糖给了你，我没有。这颗糖就只对你有好处，就是你一个人的利益。如果有一堆糖，能让全世界每人都分几颗，那么这堆糖就是全人类的整体利益，你好我好大家都好。

**那我们把未来想象得很美好，为什么是人类整体利益的需要呢？**

孩子们把未来想象得很美好，就会觉得心情愉快，生活有盼头，就不怕有一个曲折复杂、艰难险阻的过程。就会为了那个可以期盼的美好未来，充分发挥自己的聪明才智，把自己的潜能发挥到极致。这样一代接着一代，就会推动社会向前发展，于是幼有所依，老有所养，人类也就会生生不息地繁衍下去。你说这是不是人类整体利益的需要？

**哈！有趣！我怎么没觉得被文明灌输了呢？文明又是个什么东西？**

灌输虽然类似于浇水，但毕竟不像你给阳台上那盆兰草浇水，而是指利用语言、文字、影视、图画以及自然世界和人文社会的一切，通过你的眼睛、耳朵和神经向你的小脑袋里传送一些观念。

你的脑袋开始就像一间空空荡荡的房子，现在我们将一堆积木似的知识一股脑儿塞进去，你才能在里面搭建自己的"玩具房"。这个玩具房是指你的想法。你想一下，如果我们不往你的脑袋里灌输任何东西，那你今天能跟我聊天吗？你的脑壳里能有忧郁和迷茫吗？

你别小看了这两种情感，它们可是娇贵得很，只有人类才有。如果一个孩子一出生就被狼叼走了，在深山老林里被狼妈妈喂大，那么他的智慧只会超出狼一点点，而这一点点也是人类的基因带给他的。除此之外，他跟人类和人类社会没有半点关系了，与其说他是一个人，还不如说他是一只狼。也许有一天他会意识到自己的外形与狼不一样，他会在某个黄昏，坐在一处悬崖上，若有所思地眺望远方，但他这一辈子怕都不会有清晰的忧郁和迷茫了。

**哦⋯⋯你还没说什么是文明呢。**

什么是文明，一时半会儿说不清。但刚才我提到的语言、文字、影视、图画以及人文社会的一切，都属于文明。如果以后有时间，我会详细给你讲讲什么是文明。

**理想很美好，那现实为什么会苦涩？**

呵呵，苦与不苦，也是一种感觉。你真的感觉现实很苦涩吗？

的确苦涩。

为什么觉得苦涩？

第一，作业太多；第二，作业太多；第三，作业太多。

还有吗？

有。老师家长太严，要求太高。本来小学时学这学那，就觉得喘不过气来，到了初中，简直要窒息了。

也没这么夸张吧？不过，跟老爸那个清贫的童年相比，我真心觉得你们比我们要辛苦多了，呵呵。

为什么会辛苦？往小里说，这是家长、老师对你们要求更高了；往大里说，这仍然是人类整体利益的需要。知识爆炸，文明的发展越复杂，社会越需要你们在相同的时间内掌握比上一辈人更多的知识，才能在成年后胜任自己的工作，才能推动文明这架马车轰隆隆向前。人类的发展已进入一个加速的时代，最近五十年的知识积累，相当于过去五百年的知识积累还不止，这就是加速发展。

而文明的加速度，似乎也在某种程度上感染了人类的欲望，"没有最好，只有更好"，这是人类对未来的期盼。这种欲望的极度膨胀，一方面可能是在科技这个越来越清晰的"望远镜"下，人类太想在短时间内看到一个花团锦簇的未来；另一方面则可能是因人口爆炸，人与人的竞争更激烈了；地球成村，国与国之间的竞争更激烈了，互相一比较，争胜一筹的欲望自然就会产生。所以你们比我们要辛苦一些。

老爸，我似乎有点没听明白……

啊？我说得太快了？……打个比方说，以前这边深山里有户人家，那边深山里也有一户人家。他们老死不相往来，都觉得自己生活得不错。可有一天，他们知道了彼此，并且互相有了来往。结果甲觉得乙比自己活得好，乙觉得甲比自己活得好；或者甲觉得乙的孩子比自己孩子强；再或者乙虽然觉得自己比甲好，但看见甲在拼命赶超自己，自己也就紧张起来了。这样一来，他们就会在对比中互相竞争，以往那种随心而活、随遇而安的日子就再也没有了。

老爸那个时代，生活相对闭塞，村子里的人都不出去，大家都穷，所以对比不明显，家长对我们管得也松。现在，人口一流动，有些人发现城乡差别太大了，心里就失衡了，各种不满足充塞胸中。这些情感一产生，无形中压力就会陡增。

而且，在上世纪八十年代以前，我们国家很少有人出国，老百姓会觉得我们国家比其他国家的生活都要好。现在国与国之间交流频繁了，发现了差距，压力也会陡增。既要超越自己，又要超越别人，艰苦的生活也就来了。

另外，科技不发达的时候，月亮上面住着嫦娥呢，并且一住就是几千年。大家习以为常，一代一代的人，仰着头，天真地幻想着。可现在，科技证明月球上没有嫦娥。科技是个好东西，连月球上没有嫦娥都能证明，人们对科技的期望值也就陡然增加，他们想凭借神奇的科技，看到更广阔的宇宙，也想凭借神奇的科技，给人类制造一个更神奇的未来。我这只是打比方，不知你能不能听明白？简明扼要地说，就是科技带给人类巨大的甜头，而人类觉得科技应该还能带给自己比巨大还要大得多的甜头，所以我们被迫拼命往前赶。

嗯。原来我们的苦日子竟有这么大的来头。

是啊，其实我们的一切，都是有来头的。哪天我找个时间专门给你讲讲。

择日不如撞日，老爸，要不今天我们就聊聊呗。

等你中考完了再说。

# 文明
# 是个
# 什么东西

老爸,托您的福,我总算考上了湖南最牛的高中。趁高三还远,我们不妨聊聊?

好啊,你想聊什么?

你还记得我们聊过"幻想与现实"的话题吗?

当然。

那时,我就想听你聊聊什么是文明,你说要等我中考结束后再聊。你看,现在中考过去了,我的成绩也达到了你们的要求,要不今天你就给我讲讲文明究竟是个什么东西呗？

好的,我先声明,我没有科学家和社会学家那么严谨,我跟你说的,都比较感性,并且只是我自己的理解,你可以先听着,对与不对,等你有了更多知识后,再自己分辨,也可以回头找我辩论。

老爸哟,不就是聊天吗?莫要搞得这么严肃啰,你一严肃,我就不想与你聊了。

好的好的,就是聊天。你觉得文明是个什么东西?

文明就是懂礼貌吧?……我说不好。

嗯,懂礼貌也是文明,可文明不仅仅只是懂礼貌。如果我们说,这个人很文明,那一般是指他的教养好,就是他待人接物成熟,也就是他懂礼貌。

如果我们说,这个地区的文明程度高,那这个文明就复杂多了。它指的是这个地区的经济、政治、文化、道德等等以前自然界没有的,有了人类之后才有的所有一切。包括物质的,如高楼大厦等等能够用肉眼看见的东西;非物质的,如道德、风俗,用肉眼看不见却能够感觉到它存在的东西,都是文明。

哦,原来非物质的就是看不见的。以前我老不明白什

**么是非物质文化遗产，现在有些明白了。可是，川剧中的变脸和我们湖南永州的女书不也是非物质文化遗产吗？它们不都是可以看见的吗？**

呵呵，问得好。端午节也是非物质文化遗产，你说它可以看见吗？——既可以，也不可以。我们可以看见龙船、粽子、雄黄酒和锣鼓喧天的热闹场面，这些都是端午节的组成部分，可我们看不见的是端午节的精神、习俗，以及习俗中物品制作所需要的程序和工艺。故宫是物质文化遗产，对不？如果一把火烧了故宫，这个物质文化遗产就没有了。可如果你一把火烧了我们湘江河里的数十条龙船，不会影响端午节作为非物质文化遗产分毫。

**哦，这一回我真的明白了。川剧变脸和永州女书申遗的重点不是那一张张变幻莫测的花脸和那一个个奇形怪状的文字，而是脸要如何变，字要如何写，那才是最重要的。**

对！不但要有一代一代的人知道脸如何变，更重要的是，要有一代一代的人喜欢变脸这个节目，它就像一条流动的河流，核心是它的鲜活性和流传性。从这个意义上讲，永州的女书很可能会从非物质文化遗产中消失掉。

**为什么？**

据我了解，现在的女书，除了还有几个人知道写外，那里的女子已经没有用这种文字交流的习惯了，而且基本上没有年轻人感兴趣了，所以很可能会在不久的将来消失掉。哪怕你把现有的女书都好好保存下来，可作为非物质文化遗产它也不存在了。你懂吗？

**我懂了。如果我们只对圣诞节感兴趣，不对端午节感兴趣，我们不再在农历五月初五划龙船、吃粽子、烧艾叶、喝雄黄酒等等，那么就算还有博物馆保存龙船，图书馆还保留如何过端午节的书，这项非物质文化遗产也就不存在了，对不？**

这回你是真懂了。现在我们再来说文明。

刚才说到一个地区的文明程度高。它是相对的，是与周围地区比较而言的。如果说这个地区相对文明，那么反过来，我们也可以说，那个地区相对野蛮。野蛮是个贬义词。

历史书，一般都是发达地区、发达国家、发达民族给非发达地区、非发达国家、非发达民族下定义，做总结的，所以会把文明的反义词定为野蛮。如果我们说一个人野蛮，一般是指他蛮不讲理，无理取闹，能够用语言解决的事情他偏要大打出手，能够温言细语说清的事情他偏要咆哮吼叫。但如果我们说一个地区、国家、民族野蛮，那其实不是它真的野蛮，只是表明它的文明化程度不如我们。

**可我还是不明白究竟什么是文明。**

我刚才其实已经说得差不多了。对文明的定义，从古至今，肯定有上百种。今天老爸壮着胆子给你再定义一下吧。简要地说，文明就是由人类创造的物质的和非物质的，自认为有助于人类享受生命、幸福生活，并朝着美好未来前进的所有一切的总和。

嗯，我大致明白了。

你明白了？我反倒糊涂了。

你一糊涂，我也不敢称明白。呵呵，仔细一想，还真难说明白了。

比如？

比如说吧，你说这原子弹是属于文明，还是不属于文明？按理，人类发明原子弹，属于高科技，是文明，但轰的一声，方圆几十公里寸草不生，人都炸得粉身碎骨了，又还怎么享受生命和幸福生活？所以它又不属于文明。

呀！儿子，你一下子就抓住了问题的关键。我现在倒相信你是真明白了。只是文明这东西真的太复杂了，无论怎么对它定义，都是不准确的，甚至都是挂一漏万的。在人们的观念中，原子弹当然属于文明产品。若要论起这里面的科技含量，啧啧，那更是文明得不得了。就像没有一定的内功，练不了乾坤大挪移①一样，没有一定的文明积累，不说原子弹，就是土地雷，都造不成。

可按我的定义，文明得有助于人类幸福生活，那它又的确不能算作文明产物。为什么会这样？那是因为很多时候，我们把一个国家、一个民族的利益（幸福生活）当作全人类的整体利益了。大家都以自我为中心，理所当然地认为自己就能代表全人类，结果就把文明这东西搞复杂了。从科技的角度讲，文明的反义词是邪恶。第二次世界大战时，美国朝日本扔了两颗原子弹，全世界大多数人都认为这是文明之举，但日本人怎么都觉得这行为邪恶至极。但日本人从此就会拒绝原子弹吗？这就是说，你们的原子弹是邪恶的，我们的原子弹是文明的。这就是说，同一颗原子弹，既可能代表文明，又可能代表邪恶。所以老爸在定义文明的时候耍了一个滑头，加了一个看似无关紧要的关键词。

"自认为"。

对。"自认为"一加，文明便从绝对的理性，变得感性起来。就是说，文明不再像一块石头摆在那里，无论什么人看，都差不多；文明它成了一个变形金刚，每个人都有自己的理解、看法和定义。文明充满了矛盾，文明内部

---

注：①金庸武侠小说《倚天屠龙记》中所载武功。

的人们充满了矛盾。

如果说，我的定义与别人的定义不同的话，那就是我的定义充满了不确定性。除了原子弹，汽车就是百分之百的文明吗？也不一定。至少汽车产生的废气就不利于人类美好生活。这就得看，是利大于弊，还是弊大于利了。

又比如缠足。当时的人们肯定认为缠足是文明的，但现在回头看，缠足这一行径完全是野蛮的。这就得看不同的时代了。

又比如，你在奶奶家看到打稻机呼噜呼噜打得谷子满仓乱蹦，兴奋得不得了，肯定认为它文明得不成，可如果你在同一时期去了其他地方，看到了联合收割机，那么打稻机在你眼里又是落后的了。这就得看不同的地域了。

这么看来，文明有点像川剧的变脸。变一下它是文明的，变一下它又是邪恶的、有害的、野蛮的、落后的。既然这样，儿子，你不觉得这里面有一个"细思恐极"的问题吗？

什么"细思恐极"？什么问题？

细思恐极，就是仔细思考一下，觉得恐怖到了极点，这是最近的网络词。至于问题，我提示你一下：我们的文明只是"自认为"是朝着美好未来前进的。

哦，也对。"自认为"并不是"一定"，并不是"事实"。连文明是什么，我们都有这么大的分歧，那么文明

**是否能把我们带到美好未来，还真难说得很。**

不错。现在有些科学家、社会学家和人类学家都感到迷茫，觉得人类的未来扑朔迷离。他们也许能够看清人类的局部，但人类发展的总方向是任何人都看不清的。人类只知道一项一项地发明各种便于人类生活的机器，但这些机器充塞在这个社会，最后会成为什么样子，是谁也无法把握的。人类只能把握一个面上的东西，但社会却是一个巨大的多棱体，是由多个平面组合而成的。文明到最后会被组合成什么样子，没有哪个人，也没有哪个机构能看得清。如果人类所创造的这一切，到最后却不能带给人类一个幸福的未来，那现在的文明还能叫文明吗？

**是啊是啊，这么一想，真的很恐怖。我们不会自己把自己毁了吧？老爸，人类应该怎么办啊？**

怎么办我不知道。但我知道，当越来越多的人真正把全人类当作一个整体考虑时，文明的歧义就会相对小得多，文明也会少走很多弯路，文明也就更接近于理性和科学，也就更可能带给人类一个美好未来。

**老爸，既然这样，那我们该怎么看待国家和全球的关系呢？**

说来话长。

你给我说说呗。

下次吧,这次说到这里,你先好好消化消化,如何?这个暑假,我给你介绍几本书呗。

什么书?

首先,当然是老爸刚出版的这本《涂满阳光的村事》,你也知道,这本书本来就是为你写的。农耕生活的老爸写给都市生活的儿子,算是留个"划时代"的纪念。另外,你也发觉了,这本书里面有好多文章都成了你们的阅读考试题,你多揣摩一下老爸的写作心思,对你考试肯定有利呀。

哎呀,可不可以不要与考试挂钩?

好的好的,这本书写的是老爸在童年时的喜怒哀乐,绝对超出了你的想象范围。我们不能过祖辈父辈的生活,也过不了子辈孙辈的生活,但通过书本,我们可以在头脑中复原他们的生活场景,在内心感受他们的情感体验,是不是也挺过瘾的?

你这么说还差不多。我去看看。

另外,我再推荐三本书给你,一本是《自私的基因》，一本是《性·演化·达尔文》，还有一本是《第二性》。这几本书我都是三十岁左右才看的，但我觉得，你现在看，更合适一些。它们会有助于你形成正确的人生观、世界观和价值观。

呵呵。你去年不是还写了一本《与子书》吗？不打算推荐给我看看？

我是打算给你看来着，但是嘛，我看你还没有早恋现象，对女同学还没牵肠挂肚到影响学业的程度，所以晚一点看也不迟。《与子书》主要是写给那些被情感冲昏了头脑的小青年哥哥看的。

切，你倒是挺体贴，未雨绸缪啊。

# 文艺是干什么用的

老爸,我记得在一次聊天中,我曾好奇人类是怎么把物质的东西,提升到精神层面上去的,你说以后再说。你现在可以给我讲一讲这个了吗?还有,你好像对人类灵魂的工程师这个说法也颇有微词,一并给我说说嘛。

也好,这两个问题的确可以统归到一个问题上去。我先问你,你小的时候,学过琴,学过画,读过无数的少儿文学作品,那是干什么用的?

不是你们要我学的读的吗?你说是干什么用的?现在是我问你,你觉得那是干什么用的?

为了让我好找工作？为了让我拥有美丽的妻子、幸福的家庭？为了提高我的综合素质？

呵呵，你倒是挺现实的。

那不都是我老妈说的吗？那时为了逼我学琴学画，说什么以后在同等条件下，如果我还会琴棋书画，招聘单位肯定要我，不会要我的对手。又说美女看我多才多艺，一定会高看我一眼。

那为什么又给你看那么多的少儿文学呢？

不也是为了提高我的人文素质嘛，让我从小亲昵汉字，长大后，不说成为老爸这样的人，至少写起情书来，也是一等一的高手："啊！曾经有一份真挚的爱情摆在我面前，我没有珍惜……如果要在前面加个期限，我希望是一万年。"[①]

呵呵，少贫啦。如果你妈真是这么教你的，她倒是说出了事情的一部分真相。书上可不是这么说的。

书上怎么说？

---

注：① 电影《大话西游》台词。

书上说，所有的这一切，都是为了修行，为了提高人类的精神境界，为了让人的灵魂向真、趋善、变美。

哦，这么说来，把物质的东西提升到精神的层面上去，靠的就是文艺啰？

你总是这么一点就透。是以文艺为主，还有宗教、道德、风俗等好多非物质手段。

我就说，人类不应该这么世俗嘛，如果当初我妈告诉我，我学的这一切，都是为提高我的精神境界，提高我的灵魂修为，让我做一个闪闪发光的人，我一定会加倍努力。

得了得了，你就吹吧。那时你什么都不明白，还能知道精神和灵魂？

哈，也是啊。老爸，你说，那时我吃了那么多苦，害得我几乎丧失了一个自由幸福的童年，你说这劳什子的精神和灵魂，吃不得，看不见，有什么用嘛？

让你成为天地之精，万物之灵，怎么就没用了呢？

成为天地之精，万物之灵，也就是个说法，又有什么用呢？如果能还我一个无所事事的童年，这个精呀灵呀，我不要也罢。

别小看了这个说法，用处可大呢。有了这个说法，天地万物便以我为中心了，天地万物都可以拿来为我所用，而不必感到内疚。

嗯？

比如说吧，刚才那截黄瓜，蒂上还带着花，娇嫩着呢，你就把它给吃了。午饭时那几块鸡肉，是从一个仔鸡身上切下来的，那鸡还没谈过恋爱呢，你就把它吃了，凡此种种，你都觉得自然而然，丝毫都不觉得内疚和羞愧。就是因为你接受了"你是天地万物的精灵，你是一切的主宰"这个观念了啊，要不然，你要么会内疚死，要么会饿死的。

嗯……慢慢，让我想想，你这是赵本山《卖拐》，又要把我范伟同学绕进去了……我觉得不对。

呵，怎么不对？

狮子老虎小时候可不学什么弹琴绘画，它们是没有灵魂精神的，它们也不会有"超然独立于天地，是万物之精灵"的感觉，可它们吃起阿猫阿狗来，顺理成章，眉头都不皱一下，哪会感到什么内疚呢。

哈哈，好厉害的反驳！这么说来，你宁愿像狮子老虎那么懵懂，吃得无牵无挂，也不要像人类那样清醒，吃得理直气壮？

是啊，每一只狮子老虎都有一个快乐的童年，看《动物世界》就知道，我们却没有，所以当一只懵懵懂懂的狮子或老虎也蛮不错的。

问题是，在进化的过程中，人类只是猴子的亲戚，而不是狮子老虎的亲戚。猴子可不能像狮子老虎那样随心所欲，在大自然中，猴子活得小心谨慎多了，要不然也不会只敢在树上跳来蹦去。更何况，人类也不是猴子，人的生存能力甚至不如一只猴子，最起码，猴子还有一身皮毛遮风挡雨，人类全身光秃秃的，稍不小心，就会感冒发烧。还有，"神通广大"的狮子老虎至今仍在大自然栉风沐雨，或者干脆被人类关进了笼子，不管是哪个洲的狮子老虎，都有濒临灭绝的危险。反观人类，不但洋洋洒洒地繁衍了七十亿，还"敢教日月换新天"，几乎把地球都变了个样，这是多神奇的力量啊。

这么说来，还得做人？

还得做人。

可以做一个没有心灵的人吗？

不能。

**为什么不能？就为了吃起小仔鸡来理直气壮，心安理得？**

当然不仅仅是这样。我问你，人类为什么可以突破自我，干成其他动物干不成的事业？

**这不是科技的力量吗？难道跟心灵有关？**

当然跟心灵有关。人与动物的区别，有很多说法，一说人能直立行走，二说人能使用工具。但这都不足以将人与动物区分开来，鸡都能直立行走呢，南美洲某种食蚁动物，可以熟练地折断一根树枝，往树洞里使劲地捅，一是把蚂蚁赶出来，二是让蚂蚁附在树枝上，再掏出来吃。前些天，我看了一个小视频，一只鸟甚至都会钓鱼，它叼着鱼饵，往水面一放，鱼儿来吃时，它又把饵叼起来，这样反复几次，就在鱼饵要被鱼儿咬光的时候，它居然真的成功了，一口就把一条大鱼给啄上来了。这不是使用工具，又是什么？人与动物的区别，其实是人有形而上的心灵，而动物没有。什么是形而上，古人云：形而上者谓之道，形而下者谓之器。形而上其实就是指一种非物质的东西，所谓天道，或者说天象，就是一种理论上的东西吧。心灵是看不见、摸不着的东西，但我们却自认为每个人都有。那么，什么是心灵呢？就是一个人区分于其他人内心思想和情感以及运用这些思想情感的逻辑方式的总和吧。

你慢一点说。

听不懂吧？每个人的内心思想和情感与别人不同，这个你懂吧？

懂。

如果说这些思想（包括知识）和情感（包括记忆）是一堆素材的话，那么应运用什么样的方法将这堆素材编排起来，来彰显不同的自己呢？每个人的逻辑方式也不同。心灵除了思想情感的积累，还包括这种编排的逻辑方式。

哦，懂了。

简言之，心灵也是人们把自己同他人区分开来的行为原动力。当然，这只是我自己的理解。

行为原动力？

就是指导你热衷什么或拒绝什么的原始动力。弗洛伊德你听说过吧？他有一个观点，他认为性的原始动力才是我们心灵的种子，或者说无可名状的荷尔蒙——激素才是我们心灵的种子。

这就是说，心灵其实也是一种欲望。人有生存和繁衍的欲望，这跟其他动物没有区别。但人还有追求个性自由、想让自己人生充满意义的欲望，这是一种精神范畴的欲望。别的动物就没有。而这种精神欲求，就是我们的心灵。

**好奇怪，那人是从什么时候有了这种欲望的呢？就是说，人的心灵是从什么时候开始的？这可是人类与动物的分水岭啊。**

呵呵，你这个问题我正好想过。我曾经为电影《黑天鹅》写过一篇影评，叫作《艺术和欲望的相互激撞》，探讨过这个问题。至于别的社会学家或哲学家是怎么想的，我不知道。我认为，心灵是与文艺相辅相成、共生共存的。就是说，文艺诞生的那一刻，也就是心灵诞生的时候。

起初人类同别的动物一样，只是为了维持生存，繁衍后代，他们所有的行动，几乎都是为生存和繁衍去获取物品的。然后呢？然后有一天，某人突然编了一个花环戴在自己头上；或者捧一把黄土把自己的粪便掩埋，还在上面插一朵小花；再或者干了一件别的什么事，对着晨雾弥漫的山谷满心喜悦地大喊一声。因为他的这个行为以及行为产生的结果与生计无关，纯粹是为了彰显个性、娱悦自己，这就是精神产品——艺术品。

从这时开始，某些原始人类不再像其他动物一样，活着的唯一目的就是生存繁衍。他们开始有了自己明确的喜怒哀乐，仅仅为宣泄自己的情绪，仅仅为将自己与他人区分开来，他们就去干一些与生计无关的事情。他们活着，有了除生存繁衍之外更丰富的追求了，他们体内有了比其他动物更丰富更细腻的情感了，然后他们也就拥有了一种看不见摸不着的东西，那东西被我们命名为心灵。文艺的诞生使得人类变得丰富多彩起来，不再像其他动物，一个就像一群，一群就像一个。笼统一点地说，人类那些不为生计、有意识地把自己同他人区分开来的行为及行为产物，都是艺术品。哪怕就是简单地做个怪脸，也算。哪怕就是走着走着，突然撑地一跳，也算。因为这个怪脸和撑地跳跟生存和繁衍无关，跟追求异性无关，只是为了自己的心情，只是为了把自己同他人区分开来。

**我好像曾经看过一本书，关于艺术的起源，有多种说法，我记得的就有"模仿说""游戏说""劳动说""巫术说""宗教魔法说"等等。**

那么你觉得是老爸说得对，还是书上说得对？

**书上这么多说法，不可能都对吧？**

我觉得如果按书上的说法，他们把艺术的起源往后推了至少几千年，甚至几万年。你看啊，游戏本身就是一种艺术，宗教和巫术本身也是一种艺术，怎么能说艺术是起源于游戏、宗教和巫术呢？而到了人类能模仿的时候，那说明人类早就拥有了一种相当强的艺术表现力。也有人说，艺术起源于劳动实践。什么是劳动？劳动不就是为了活命而干活吗？动物也有劳动，可动物怎么没产生艺术？

**那艺术究竟是怎么诞生的嘛？**

弗洛伊德是奥地利的心理学家，他曾提出艺术起源于"心灵表现"。这个说法是比较靠谱的。艺术正是心灵自我彰显的产物。不好的是，他那么一说，好像是先有心灵，后有艺术。其实不是，艺术和心灵，我觉得应该是同时产生的，或者说不分先后的。

**呵呵，这有点先有鸡，还是先有蛋的味道了。**

对，艺术与心灵，就是鸡与蛋的关系，你说得很形象。鸡与蛋是没法分先后的。

**怪了，我记得你开始说的是文艺，后来就单说艺术了。**

你听得倒是仔细。文艺的全称是文学艺术。本来艺术也包括了文学，但在后来，由于学科的细分，一般把文学从其他艺术门类中剥离出来了，所以也就有了文艺一词，文学艺术并称。但是很显然，文字的诞生要远远晚于艺术，举个例子来说，人类肯定是先会画画，然后过了不知多少年，几千几万年，才有文字。当然，如果把口头文学算上的话，那么文学的诞生的确可以提前很多年，但是，也可能早不过艺术吧?

可是,如果我们把口头表达当作口头文学的话,也许文学并不比艺术产生得晚呢。

怎么放宽?

比如你刚才说的,某个原始人,某天早晨一起床,就对着山谷"啊啊啊"地乱叫,就是为了听山谷的回声,以获得心灵的愉悦。你说他这几声"啊啊啊",不就是早期的诗歌吗?那比我们学的《诗经》不知要早到哪里去了。

哈哈,非常有道理。你这么一说,文学和艺术谁诞生更早,那还真的难说得很呢。从现在开始,我就不再单说艺术了,我文艺并称行了吧?

啊呀,我们扯到哪里来了啊?最开始不是说为什么说心灵,跟人类所干的惊天动地的大事业有关?

是啊,没偏离主题呢。自从人类有了精神欲求后,人类的心灵需要精神产品来"喂养",这样一来,就加快了人类文明的进程。

这话怎么理解?

动物虽然能使用工具，但都非常简单。在心灵出现之前，人类也能使用简单的工具，这个简单是相对后来的人来说的。但相对于动物来说，就非常复杂了。那么这些简单的工具，以及制作简单工具的技艺，都是人类最初的文明。但由于这些都是在懵懵懂懂的过程中制造出来的，很难发展壮大。自从拥有心灵以后，人类从懵懂状态进入到自我觉醒状态，对未来也就有了很多渴求和幻想，每个人都想活出一个独一无二的自己，每个人都想拥有自己精彩的精神生活，这时一个人不再是一群人中的一个符号，不再像一群猴子中的一只猴子，每个人都是一个丰富的世界。而无数禀性独特的人聚在一起，便构成了一个复杂精彩、天宽地阔的文明社会。

哦。我隐约感觉心灵好像要与人类干的大事业挂上钩了。

呵呵，你的这种感觉没错。我有个高中同学，前年与我聊天，他说，我觉得你们这些学文科的一点作用都没有，既当不得饭吃，又当不得衣穿，还不能当东西用。你看，世界都是理工科打造出来的。

他也许代表了一批人的看法。这个看法，概括来说，就是人类的大事业与文艺无关，也就与人的精神灵魂无关。但事实并不是如此。世界的模样，其实是照着文艺的想象而构建的。如果没有文艺，没有心灵，没有精神欲求，人类根本就不知道未来该如何构建。比如你看过科幻作家凡尔纳的"海洋三部曲"，在他写作的时候，书里的东西都不存在，但一百多年过后，书里的东西大多都变成了现实。是他有能看到未来的后眼吗？不，是人们在根据心灵的想象构建世界。这就是说，人类的大事业的确不是文艺和心灵构建的，但大事业的设计，却是因文艺和心灵产生的。"如果没有心灵，世界将会多么黑暗！"这绝对不只是一句诗，而是近乎真理的事实。

**好吧，我过了一个必须这么过的童年。**

呵呵，别打断我，我继续来解析。文艺和心灵相辅相成，在文艺的激发下，人类的精神欲求越来越强，这使得人类的创造力也越来越强。精神生活最初的确建立在物质生活的基础上，但在最近几千年，人类的精神生活已成了物质生活的引导。就如凡尔纳的"海洋三部曲"，用精神的幻想为物质的未来描绘清晰的蓝图。在科技时代，丰富的物质让人类的生存欲望得到极大的满足，这些都是精神世界无限拓宽的结果。精神欲求激发了人类无穷的想象力，想象力铸就了科技时代。从某种意义上来说，充满想象力的科技产品首先都是精神产品（艺术品），其次才是物质产品。

**没错没错，现在的科技产品，不但好用，也好看。不用的时候，还可以当成一件艺术品作为摆设。**

你可以举一个例子吗？

**当然可以啊。你看看，就说我们家的灯吧，就算灯泡坏了，也可以当作艺术品啊。还有我们家的钟，如果换上弦，都可以当琴弹了，阿凡提弹的那种。**

嗯，你的确理解了为什么很多科技产品同时也是精神产品。

**老爸，这个话题我们也说了这么多，我觉得你们这些文艺人还是挺伟大的嘛，可有次聊天时，我说你们是人类灵魂的工程师，你怎么颇不以为然呢？**

我也没有什么不以为然的，我只是突然被这个说法给镇住了，有些感触罢了。

**怎么呢？**

你看啊，工程师不就是建筑师的意思吗？人类好不容易有了灵魂，有了心灵，那么这种形而上的东西，如果任其像草木一样生长，会不会像草木一样长得很葳蕤呢？并且还存在无限的可能性吧？可我们呢，偏偏要拿起一把大剪刀，这里留，那里剪，咔嚓咔嚓，把心灵剪得跟个园林似的。龚自珍的《病梅馆记》不就是发的这种感慨吗？把梅树的姿态故意弄得扭扭捏捏，跟个痨病鬼似的。他明是写梅花，却暗指对人才的摧残。

**那我怎么没有感觉到被摧残，被修剪呢？**

被摧残，当然是龚自珍言过其实了。龚自珍是一个诗人，他喜欢语不惊人死不休，性格有极端的一面。要不然，他也不会教出那样一个儿子来。

**他儿子怎么了？**

龚自珍虽然为人偏激，但不失为铮铮好汉，但他儿子龚橙在他死后没多久，做了好些于国于民都有害无益的糊涂事。

**啊？真是丢了他父亲的脸，"九州生气恃风雷，万马齐喑究可哀。我劝天公重抖擞，不拘一格降人才。"他老爸是何等的英姿勃发，可他竟然会这样？**

唉，最可叹的是，这个龚橙，不说羞愧，不说忏悔，当人家指责他时，他还振振有词，觉得自己一点都没有做错。偏偏这个人才华横溢，指责他的人哪是他的对手啊！

**啊？他怎么会这样？**

这就是所谓的"玉不琢，不成器"。龚自珍以梅树不能自然生长而扼腕痛惜，于是购得梅花盆景三百株，放任它们自由自在地生长。我猜想，在他内心，同时放养的，还有他的儿子龚橙吧。

历史不好这么猜想吧？

其实也不是猜想啦。龚自珍的放养是可以找到很多例证的。这里我仅举一例，比如说吧，龚自珍从小就有顶撞长辈的毛病，他自己不以为意，结果呢，他儿子龚橙也学他，以与他顶撞为乐。等他死后，龚橙还时不时把他的文章拿出来批改，一边改，一边还大骂："狗屁不通。"并且还说，若不是他父亲，他才懒得改呢，实在是狂妄至极。对了，他还有一个别号，叫"半伦"。就是说"君臣、父子、夫妻、兄弟、朋友"这五伦中，他丢了四伦半，只剩半伦了。而这个半伦便是他在上海纳的一个小妾，他喜欢得不得了，因此夫妻这一伦中还剩半伦，为什么只有半伦？因为他只喜欢小妾，而根本不顾妻子的死活。

对了，什么是伦？

其实就是祖宗留下来的规矩和道德吧，规定了君臣、父子、夫妻、兄弟、朋友之间外在的礼仪和内心的情义。龚橙认为这些通通都是可笑的东西，他都不要。

哎，真是想不到啊。看来，当年龚自珍的确把修剪当作摧残了……这么说来，修剪修剪是很有必要的。可我怎么感觉你并不这么想？

呵呵，你是我肚子里的蛔虫啊？

我是这么想的，龚自珍父子的例子毕竟是个特例，自然科学是不允许有特例存在的，就是说，一个科学家说他发现了一条定律，你只要举出一个反例，证明跟他的这条定律不符，那么这条定律就作废了。而我认为人文学科的结论却只是一个大概，就是说，能够把社会发展的规律概括出百分之七八十，就相当不错了。人文学科就是要从纷繁复杂的个案中总结出大致的结论。这时如果你只举一个特例，就想把这个结论推翻，那是极不负责任的。

**比如呢？**

比如说，我得出这么一条结论：子女一般都很爱自己的父母。如果你说，我们隔壁王二经常与父母吵架，这也是爱吗？如果你想单凭这个事例来推翻我的结论，那你就是极不负责任的。

**呵呵，我发现我们同学之间的辩论，常常会犯这种错误。**

不单是你们同学，就连大人也常常会犯这种错误。

**看来，龚自珍的教子方法虽然有问题，但我们不能把问题扩大化。那么，就是说，你对这个心灵修剪法也有质疑啰？你也希望心灵长得"蒙络摇缀，参差披拂"啰？**

呵呵，柳宗元的句子你倒是活学活用了。我并不是质疑这个心灵修剪法，只是在以前吧，你也记得，我们讨论过整个文明，对文明的去处，也就是人类的发展方向，有过怀疑：按照现在的文明发展，人类是不是真的可以收获一个美好的未来？

我们的心灵要修剪，怎么剪？自然得遵循文明的发展方向，是不是？就是说，人类这个集体，都希望每一个人的心灵都朝着有利于人类集体利益最大化这个方向发展，不朝着这个方向发展的枝枝叶叶，就咔嚓一声给剪掉了。

**嗯，上回我们的确说到了文明的复杂性和矛盾性，觉得它的发展方向也并不是百分百靠得住，未必能给人类一个光明的未来，可问题是，我们如果不按文明发展的方向去修剪心灵，那我们也没有别的方法啊？就算有，我们更不敢冒险啊。**

是啊，不修剪自然是不对的，文明对个人的影响力，其实就是在修剪心灵。如果不修剪，把孩子生下来，扔给狼妈妈带，那他就成狼孩了，这时不但长不出葳蕤心灵，反倒连心灵都没有了。为什么？因为人类的心灵是与文明相辅相成的。

**不是说与文艺相辅相成吗？**

在前面我们已经讨论过心灵与文艺的互生关系，但到后来，文艺虽然是心灵"建设"的重要力量，但不是唯一的力量，整个文明都参与到心灵的建设中来了。社会学、政治学、哲学、科技，都在为心灵的丰富"添砖加瓦"，你想想就明白了。

也是。经济、政治、文化、军事、宗教、道德，都会作用于心灵，影响心灵。

是的，这些东西既像是铁锤，敲打心灵，将心灵定型，又像注射器，要往心灵填充点别样的东西进来，这才使得我们的心灵异常复杂。

唉，也是。假如只有文艺与心灵有关，那人类的心灵应该像花儿一样纯美。呵呵。

也不见得。文艺这东西,起初看起来好像一个毫无心机、不食人间烟火的仙子，可事实上，你有没有发现，无论怎么不食人间烟火的想象，看起来只是为了娱悦心灵而已，但到最后人类总能将它变为现实，比如说，嫦娥奔月吧，多么不食人间烟火的想象力啊，可后来呢，我们的"嫦娥"真的奔月了，宇航员真的可以在月球上活蹦乱跳了。

但也有一些艺术品纯粹是为娱悦心灵吧，比如墙上的这幅画。

那也是老爸花几百元钱买来的，它一样跟形而下的物质挂钩了。再说了，我们的心灵为什么需要娱悦？不知这个你想过没有？

嗯？难道这也有什么说法？

心灵需要娱悦，说明心灵有不快乐的时候，有难受的时候。谁让心灵难受了？当然是现实中形形色色的人和事。天下熙熙，皆为利来；天下攘攘，皆为利往。这形形色色的一切，总的来说，都是人类在满足自己的物质欲求，都在推动文明向前发展。

这就是说，文明要往前发展，人类要满足物质欲求，很多时候都会让心灵难受，甚至让心灵受伤。这时心灵就需要安慰，需要娱悦，需要抚摸，需要休憩，靠什么？除了宗教和道德外，还有，就是需要大量看起来与生计毫无关系的文艺产品。

原来艺术品可以抚慰人心，缓解精神压力。

呵呵，也只有抚平心灵的伤痕，并把它哄得高高兴兴，心灵才会对人类的未来充满信心，才会投入更大的热情去建设未来，把庞大而复杂的文明往前推进。

嗯，刚才你说我们追求物质欲望，推动文明向前，会让心灵受伤，这个好像不太好理解，你能再说一说吗？

这个挺复杂的，一时半会儿说不清楚，我们以后再说吧。

**可现在这个话题，我们也讨论得差不多了。**

是吗？那我问你，文艺所想象的情景我们为什么能够实现？文艺所表现的东西，为什么能娱悦和抚慰我们的心灵？

**文艺不是在为我们的未来世界画图纸吗？既然图纸都画出来了，我们总要努力去把它变成现实吧。还有，不是因为我们的心灵受伤了，难受，才需要更多的文艺来医治、抚慰和娱悦嘛。你的问题有点因果倒置哦。**

呵呵，没错。这么说来，我们所谓的形而上，其实不也在为形而下服务吗？换句话说，把物质的东西提升到精神的层面上，人类也并没有"伟大、崇高"到哪里去，因为精神层面的东西最后都是为更好的物质追求服务的，或者说，为形而下追求服务的。

**闹了半天，人有了心灵，有了精神追求，也并不是什么天地之精，万物之灵，没有高出其他物种多少啊。**

正是。人类之所以要把自己打扮成天地之精，万物之灵，其实就是为了取得话语权，人类的行为，都由人类自己定性，别的物种说了不算,当然,别的物种就算说了,人类也听不懂。人类对别的物种,一直扮演着主人的姿态。

我觉得有点悲哀。老爸,难怪郑燮说,难得糊涂。我看活着还是糊涂一点的好,我有些难受了,这个世界我也不想整那么明白了。

认清世界,认清人类,但依然热爱世界,热爱人类,这才是大情怀。你也不要受不了这点打击嘛。人类本来就俗,同万物没有区别。唯一的区别是,人类是一群清醒的动物,懂得如何谋划未来。

其实我真的不甘心,既然人类有了心灵,为什么就不能脱离世俗的东西,建立一个纯美的精神世界呢。让我们真正觉得自己的灵魂是伟大而高尚的。让我们一想起自己生而为人,就激动不已,自豪不已。

呵呵。你要清楚,我们的心灵源自什么?前面我们已经聊过,弗洛伊德的观点是,我们的精神欲求,亦心灵,同我们的物质欲求,都源于我们的性原力。这个观点是比较靠谱的。而性原力是我们的身体产生的。这就是说,我们的身体就是心灵的窝棚,说得更通俗一点,心灵是依靠肉体才得以存在的。如果肉体灭了,心灵也就不存在了。而且,科学发现,肉体病了蔫了,我们的心灵之火也会跟着晦暗不明。肉体的剧烈病变,比外界其他任何打击,都更容易改变心灵。

不会吧？比如写《假如给我三天光明》的海伦·凯勒，比如写《钢铁是怎样炼成的》的奥斯特洛夫斯基……

打住！你看，你又来举特例了，我说过我认为人文理论不允许用反例来推翻。当然，老爸的这个观点，也要具体问题具体分析，一般说来，人格已经定型了的人，一场大病也难以改变他的心灵，那别的外界事物就更难改变他的心灵。但对于人格还没定型的小孩来说，肉身的好坏强弱，真的会严重影响他的心灵、气质。

你这么说，我比较同意。

当然，也有一些人坚信有比生命更重要的精神力量存在，有比生命更重要的信念存在。他们扛得住最残酷的肉体折磨。

可刚才我们不是讨论过了，这种东西其实是不存在的。

是啊，生命本无意义，可还是有人要将它附上意义，并按自己的信念而生活，这样的人，是值得钦佩的。

这样的人其实还是挺多的……

是很多。因为文明不打算让大多数人都做清醒者,而是要让大多数人生活在道德层面以下,过着一种道德生活。

哈,终于又说到道德层面了,这回你得给我解释清楚,什么是生活在道德层面以下?

就是用道德法则来指导自己的生活。

这么说来,我们现在聊的,已经超出了芸芸众生的生活层次?

你这么理解,也没错。

可是,老爸,你我也是芸芸众生中的一员,你干吗要给我整这些虚的呢?

你不是要把这个世界整明白吗?再说了,老爸希望你能成为一个真正伟大的人。

真正伟大?

真正伟大的人是看破了道德,整明白了这个世界,但依然选择道德生活。

既然看破了,为什么还要让道德捆住手脚啊?

因为道德的产生符合人类的整体利益。

**真没劲，又落到利益的窠臼里去了。说来说去，还是为了利益。**

怎么没劲了？所谓"侠之大者，为国为民"。我看真正的侠之大者，是看透了文明的本质，看透了道德的本质，却依然勇于为了他人和集体的利益，而放弃自己的利益。那些"伟大而崇高"的东西就得落实到现实的大地上，才不会变得虚无缥缈。要不然，什么是崇高伟大？人家只要有一副伶牙俐齿，你就无法辩赢，崇高和伟大就永远属于他，而不属于你这种讷于言的人。就比如刚才说的那个龚橙，他做了坏事，还理直气壮，把他做的那些事说成是为了彻底告别旧社会旧时代。玩诡辩，掉书袋，将指责他的人驳得哑口无言。那么，好吧，我们就用利益来衡量吧，你龚橙"伟大而崇高"的壮举，是毫不利己的吗？这么一衡量，他的狐狸尾巴就露出来了。他龚橙再有多少高大上的说辞，也改变不了要从坏事中谋利的丑陋事实。

**听爸一席话，胜读十年书啊。**

呵呵，这个话题，到现在总算是差不多了。陶渊明曾经为"心为形役"而愤愤不平，现在看来，"心为形役"其实是文明社会的一种常态。

**呵呵，都不知道你是不是诡辩。哎呀，既然肉体控制了心灵，心灵是由肉体所生，那么，心灵要做肉体的奴仆，也是自然而然的事情。可惜陶大诗人没有生活在这个时代，要不然你可以好好给他上一课了。**

呵呵，这么梳理一下，我自己也心平气和了。陶渊明之所以要远离凡尘，洁净心灵，去乡下种麻种豆，其实这无非也是一种生存方式而已，与居庙堂并无高下之分。因为受不了心灵过重的压力，很多人不再冲着人上人的生活努力奋斗，转而选择一种率性而为的生活，这样心灵不受压，肉身也会减少疾病。可以说，大多数人都是这样的，所以精英永远都是少数。如果说心灵是一个容器，那么每个人的心灵容量是不一样的。有的心灵像涓涓小溪，有的心灵像大江大河，甚至大海大洋。如果把心灵比作电脑处理器，有些人的心灵只能处理一些简单的事务，而且很缓慢；而有些人的心灵却能处理很多繁复的事务，而且很迅捷。

芸芸众生选择了简单的田园生活，也不能证明他们的志趣就是高洁的，也许是他们没有进入官场的能力？又或者缺乏处理官场复杂事务的手段呢？而诸葛亮从隆中现身朝堂，并不说明他的志趣就不高洁，而是说明他能和光同尘，有把握复杂局势的能力，并能在动荡的社会中实现自己的人生理想。换句话说，与躬耕陇亩相比，诸葛亮更愿意凭自己的智慧去搅动时代风云。这其实跟心灵的洁污高下并没有直接的关系。但很多古代诗人并不这么理解，他们常常把被排除出局，理所当然地当成一种污秽对高洁的驱除，并且会有意无意在文章中站在一个道德的制高点上，很少有人会反思自己的情商和政治能力。他们也许至死都没弄明白，他们的清雅、高洁，既是他们的优点，也是他们的短板，对于复杂的政治生活来说，并无益处。很好，心灵的容量有大有小，心灵的处理器有快有慢，既然不见得容于庙堂，那么同芸芸众生一起隐于江湖，其实这也没有什么。但偏偏就有一些诗人不甘心，不甘愿，借物言志，借田园之酒杯，浇自己心头之块垒。这些都是没有真正看透心灵本质的表现。

哈哈，想起来，也的确是这么一回事。凭什么诗人退归普通老百姓的生活，就可以拥有道德上的优越感？"实迷途其未远，觉今是而昨非"，"富贵非吾愿，帝乡不可期"。好在陶渊明这种优越感还不算太强，他的诗主要抒发的是对田园生活的热爱之情。

呵呵，这种诗很有诱惑力。但是嘛，还是让有能力也愿意居庙堂的人待在庙堂好了，那些心灵简洁的人想过瓜棚豆架的日子，也不去阻碍他们的选择，也不为他们的选择抱屈。老爸知道自己的心智不足以往上爬，所以对目前的状态，也没有什么抱怨的。更没有因为放弃了与人去竞争，就觉得自己道德高尚。我愿意保持心灵纯洁，是因为我的心灵包容不了更多杂质，心灵的杂质太多，无论我获得外人多么羡慕的东西，我都不会快乐的。

嗯，我算是明白了。老爸，你能给我做个总结吗？文艺是干什么用的？

文艺嘛，最初是个体的人用来表达自我、区分自己与他人的方式方法，文艺与心灵相辅相成，共生共荣。进入文明社会后，文艺是赞美文明的鼓吹手，是医治心灵的麻醉剂，是未来蓝图的梦想师。

谢谢你，老爸。我觉得我懂了。尽管这次谈话，对我的理解力是一次很大的挑战。

# 我们
## 为什么要学
## 那么多
## 没用的东西

老爸,我们现在没有白天黑夜地学习,有用吗?

有用啊。

有什么用?

看你这话问的。我们以前的聊天,都白聊了。

可有一次听你们大人聊天,好些人都觉得中学大学学的那些东西,在现实生活中也用不了什么。真不明白,那你们为什么还逼着我们学?

看你这话说的。也许我们真有那么一次聊天。可大人们聊天一般是在什么山上唱什么歌，是有前提条件的。也就是说，是有语境的。如果我们说中学大学学的那些东西，在现实生活中都用不上，在那个语境中，我们一定是把自己当成一群实用主义者或功利主义者了，因为我们不能把我们所学的，在现实生活中一一找到明显的对应关系，我们就否认那些知识的价值，这就相当于我曾经提到过的那个高中同学对我说："你们学文科的没什么用，衣食住行所需要的东西，都是学工科的人制造出来的，文科无非清谈而已。"可事实上，我们前面已经反复讨论过，没有文艺，没有人文学科，人类只能在蛮荒的世界里一直懵懂摸索。人文学科与理工科相当于水与鱼的关系，如果没有水，鱼不但没地方可活，甚至连鱼这东西也不存在了。

何况大人们聊天，有时是为了社交，有时是为了打发时间，以和谐相处为首要原则，大家的人格和世界观早已定型，谁也改变不了谁，没必要为了一些形而上的观点，争得脸红耳赤，甚至破口大骂，那样可能会不利于以后可能存在的利益交往。所以，我们那次聊天，只要有一两个功利主义者主导了聊天的进程，其他人即便内心不认同，也会在嘴上附和的。因为功利主义者的见识只停留在我高中那个同学的水平，就算针锋相对，也未见得能将他们说服。不像我俩，一个为主，一个为次；一个虚心求教，一个诚心释疑，这样才能彼此印证，共同提高。

呵呵，没想到大人的世界这么复杂。那么，我们天天读啊背啊做啊，还是有用处的啰？

当然。

那你再说说有什么用处呗。

我们的智识决定了心灵的丰富程度，现在我们把心灵的丰富程度进行量化，为了更传神，我们先假设心灵是个容器，假如一百万年前，一个成年人的心灵容量只有一百毫升，随着文明的进步，人类知识的丰富，一万年前，一个成年人的心灵容量扩充到了一千毫升，一千年前，一个成年人的心灵容量扩充到了一万毫升，现在一个成年人的心灵容量已经扩充到了十万毫升。这说明什么呢？

说明什么？

说明现在的孩子要比过去的孩子辛苦多了！

怎么呢？我不懂。

我这么给你解释吧，据说一只成年猩猩具有人类三岁小孩的智识。这就是说，类人猿一辈子只要掌握现在人类三岁小孩的智识，就可以在丛林里逍遥一生了。反过来说，现在三岁小孩的智识既然与一个成年猩猩差不多，那么他的智识还不如一百万年前的一个成年人的智识。也就是说，他的心灵容量，或者说脑容量，还不到我们刚刚假设的一百毫升。现在的问题是，人类的文明已发展到，需要人类的心灵容量达到我们刚刚假设的十万毫升，才能跟上社会发展的步伐。那么就需要我们的心灵容量从三岁时的一百毫升不到，迅速扩充到十万毫升。但是上推到一千年前，我们就只需要从一百毫升扩充到一万毫升。如果上推到一万年前，我们就只需要从一百毫升扩充到一千毫升，对社会，对生活，就可以应对自如了。这说明在相同的时间内，我们需要丰富心灵的内容实在有太大差别，所以现在的孩子自然要辛苦得多。

哎呀，你说这么多干吗？不就是现在的孩子需要掌握的知识比以前任何时代的孩子都要多得多吗？只有这样，一个人才能立足于这个社会。

没错。而除了心灵容量的快速扩充外，文明也像一个雪球越滚越大。如果一个人现在只懂得一万年前那么多知识，那么在这个社会将寸步难行。我之所以要拿心灵来打比方，是因为我们后面所指的种种不适，更多的是指心灵方面的。

原来除了有几根弹簧似的木棍在拼命撑大我们的心灵之外，还有几根弹簧似的木棍在拼命撑大我们的脑容量。妈呀，难怪我每天头昏脑涨胸口闷。

呵呵，你这个比喻是很形象的。其实文明的增长速度要远远超过心灵的扩充速度。

**我明白了，"请放慢脚步，等一等灵魂"，前一段时间网上流行的这句很诗意的话，其根子原来就在这里。文明的发展主要是为了人类集体利益最大化，它更侧重于满足我们的肉身欲求，所以人们才会呼吁欲望的脚步不要太快，停下来等一等步履踉跄的心灵。**

没错。科技时代，数字化时代，全球化时代，文明的内容突然暴增，我们的脑袋能够接受，但我们的心灵却未必接受得了。由新兴科技所引发的层出不穷的伦理问题，远远超出了我们心灵的包容度。就是说，我们的心灵容量还来不及扩充，由新生事物所带来的各种问题已堆积如山。这时候，我们身体的欲求基本上得到了满足，而我们的心灵则处在溢满状态。世界瞬息万变，形形色色的资讯将我们的心灵塞得满满的，有些无法理解，有些无法消化，有些干脆像化学药品一样在腐蚀我们的心灵。我们的心灵每天就像某些富人被山珍海味、大鱼大肉充斥的胃。

**哎呀，这其实还是有点玄乎。按说吧，心灵它又不是个瓷器，火一烧，就固定不变了。心灵是个虚的东西，应该可大可小才是？**

话虽这么说，但一个人的人格以及世界观什么的一旦定型，也像铁器淬了火似的，伸缩性就被大大地限制了。

**那究竟是什么东西在侵蚀我们的心灵呢？你举个例子吧。**

比如说吧，在农耕时代，我们生活在一个闭塞的村庄，村庄里的人都姓谢，互相之间相当熟悉，晚上即使不关门窗，也可以放心大胆地睡觉。心灵处在十分松弛的状态；到了工业时代，我们住在城市，左邻右舍都不认识，街头人潮涌动，却没有一个与你相识的人，这时你的心灵自然就处在紧张而焦虑的状态。人出门了，心还在犹疑自家大门是不是锁严实了。上了公交车，左瞅右看，把提包抱得紧紧的，怕身边有扒手。黑夜不敢走路灯昏暗的小巷，怕遇劫匪或流氓。与银行、信贷、保险、股票、基金、网购、直销等等打交道，总要千般小心，生怕上当受骗。你说说看，这些事情，会不会使我们疲惫并伤害我们的心灵？我们为农耕时代准备的简洁而诗意的心灵容器能把这一切都装进去吗？

**嗯，我明白了。是我们的心灵松弛不下来，就像一把弓，一直拉得紧紧的，久了，弦就会绷断。**

除了这些，新知识的大量涌现，心灵来不及消化，对我们也是一种损害。

### 这又怎么说？

比如说吧，古人看到流星，不知道是怎么回事，星象家会说，是那个方向的将相级人物要死了。这不会给老百姓造成什么心灵恐慌。可现在我们知道流星是某颗星球脱离了自己的轨道，朝着宇宙深处乱撞而去，并且在未来的某个时刻某颗流星很有可能撞上地球。据考证，恐龙的灭绝，大概就与流星撞击地球有关。这就是说，地球上这群生龙活虎的人们也有可能一夜间消失得干干净净。知道了这些后，人们心里多少会有一丝阴影吧？

又比如，以前我们不懂星空，我们的文艺、宗教为了舒缓心灵，做了这样的诠释，说每一颗星星上都住着神仙。这种传说代代相传，老百姓都信以为真，以为我们头顶上真的住着神仙，无论宇宙有多大，我们并不孤单。现在新知识却说，天上没有神仙，并且除了地球，人类还没有在任何星球上发现生命，地球上存活的生物，不是一种必然，只是一种偶然，我们都是碰巧出来的，就像两块铁器互撞时冒出的火花。这种偶然让我们觉得凄惶，这种孤单又让我们觉得寂寞。

又比如，以前我们不知道天体，文艺诠释说，天是由四根巨大得永远也断不了的柱子撑着的，大家信以为真，内心颇为安宁。现在新知识却说，宇宙是由大爆炸产生的，现在这些爆炸物还在向着无垠的宇宙扩张，我们的地球、太阳，以及银河系其他恒星，都只是一些爆炸的尘灰而已，正以每小时多少万公里的速度向着背离爆炸点的四方逃逸。知道了这些，很多人会觉得活得很渺小，很虚无。沧海一粟，可有可无。这还只是天体新知识。自从文明呈爆炸式增长后，每天的新知识都层出不穷，既让我们的大脑兴奋不已，又让我们的心灵疲惫不已，担忧不已。

哎，看来知道得太多，也不是什么好事。

以前文明发展的速度缓慢，已知的和未知的那条界线是非常分明的。为了消弭人们对未知事物的恐惧，人类会用文艺、宗教等等对未知的事物进行粉饰，让人类的心灵得到安宁和沉静。就是说，人们常常被灌输这样的认知：未知的事物，是值得人类期待的，只要我们好好把握，就能够从中获得利益和美好。即使不好，只要人类追求真善美，那些不好的东西也会被人类感化。品行美好的人，百毒不侵，鬼神无犯。比如说，我们会认为月亮上住着美丽的嫦娥，而不是住着时不时就会下凡吃人的幽灵。可以杀人的雷火也是未知的东西，但我们的祖辈会告诉我们，雷只打坏人，不打好人；只打做过亏心事的人，不打光明磊落的人。并且，这些观念已深入人心。

就是说，人类的心灵已适应了未知和已知之间的平衡。非要经过几百年，上千年，才会有人打破这种心灵平衡。比如说，哥白尼的日心说，认为地球不是宇宙的中心，太阳才是，地球是围绕太阳转的。这一下子引起了人们的恐慌，心灵变得焦躁不安起来。但随后几十年，文艺、宗教会继续重建心灵的平衡，心灵会慢慢适应地球不是宇宙中心这个事实。

可现在文明发展的速度太快，新知识层出不穷。已知和未知的那根线不再明晰。如果把已知的事物比作一个圆，那么这个圆的边界一直在向外扩张，这个圆的周长也变得越长，与未知事物的接触面更大了。也就是说，人类知道的越多，那么不知道的就越多。未知的东西总会给人一种不安全的感觉，而文艺、宗教又来不及将新的未知的事物进行粉饰，以抚慰忧心忡忡的心灵。这也是为什么我们的科技越发达，我们对未来越不看好的原因之一。

按说，这一百年来，人类多牛啊，文明的累加，是过去三千年的总和还不止。我们对未来应该积极乐观，并且斗志昂扬才是。可从新世纪以来，我们的电影对未来的揣测，几乎全是悲剧性的，人类不是毁灭，就是在毁灭的道路上苦苦挣扎。文艺除了不停地给我们警示外，有些时候甚至把哲学的活给抢干了。

**我现在终于明白，文明的发展，特别是文明过快发展为什么会对心灵造成损害了。是因为心灵的适应能力跟不上文明的发展速度。**

没错，所以上次跟你聊天，我说一时半会儿讲不清楚。其实心灵一直都是被动的。看起来，心灵是走在文明的前头，因为文明的图纸是由心灵构思并勾勒出来的嘛。

但心灵一直受控于肉身，一直是物质欲望的奴仆。心灵不是自由自在走在前头，而是后面有欲望的主人拿着皮鞭在不停地抽打呢。所以，无论心灵开出多灿烂多纯粹的花朵，最后都要结出欲望主人想要的果实。

这个比喻很形象。心灵虽然拉着文明沉重的马车轰隆隆地向前行驶，但马车上的主人却是那个叫"物质欲望"的东西，心灵只是一匹不由自主的白马。这个物质欲望包含生存和繁衍的欲望，包含肉体怎么舒服便怎么来的欲望。肉身想穷奢极侈，可心灵却疲惫不堪。心灵的花朵不是为了芬芳自许，而是冲着结果去的，结出物质的果实。自从套上文明的马车后，心灵的屁股上一直鞭痕累累。比如说，前些天，我们去河南参观殷墟，看着里面殉葬的白骨，即便过了三千多年，我们的心仍被揪得紧紧的，万幸自己没有生活在那个奴隶制时代。可事实上，对那个时代的人来说，殉葬这种习俗反倒有可能会减轻心灵的压力。当然这只是我自己的一个认知。你听听，看我讲得有道理不。

古代的奴隶开始很多是来自战俘、叛乱分子，也有违法乱纪分子。那时候互相为了争地盘，抢财富，打一仗，你俘虏了我若干人，我俘虏了你若干人，放回去，不甘心，关起来，又没那么多吃的。怎么办？就只能做奴隶了，或者干脆杀掉了事。

可这种赤裸裸的杀奴行为，对亲历者的心灵来说，无疑是一种巨大伤害。今天我们部落可以这么杀人，明天别的部落把我们俘虏去了，也可以这么杀我们。而部落外围又没有高高的城墙和宽宽的水域维护，只要防范不力，被攻破的概率是非常大的。可以说，部落里的每个人都活在一种惶恐不安的情绪中。梦中接连不断的惊悸和噩梦，正是心灵受伤的明证。

如果整个部落都被占领，这时男男女女、老老少少的战俘，成群结队，简直跟蚂蚁上树没区别。因为不是为自己劳动，这班人干活自然不会那么麻利，甚至会消极怠工，而那时的生产力本来就低下，奴隶并没有多少剩余价值，甚至连自己都可能无法养活。

更要命的是，被圈在一起的奴隶，男男女女，只能以生育为乐，繁殖速度快得惊人，甚至比他们的主人更快。而冷兵器时代，一个人的有效看管能力又非常有限。比如说，现在我们把一群人圈在一个地方干活，架上机关枪，一个人就可以看管住好几百人。而那时是用长矛看管人，一个有长矛的人，能看住三四个无武器的奴隶就不错了。随着奴隶的人口膨胀，很可能在某个夜黑风高的晚上，一场暴动就把身份全部颠倒过来。

怎么办？唯一的办法，就是杀掉。问题是，同类无故杀害同类，对心灵的伤害，比人类杀动物要深重得多。依我看，殉葬习俗，就是在这种情境下诞生的。

当时的巫师，在那时的人们看来，上知天文，下知地理，是无所不知的牛人。这班牛人为了抚慰部落子民的心灵，让他们晚上不做那么多噩梦，便宣称：我们祭祀上天的时候需要人头人血，上天才会高兴，四时才会风调雨顺；我们祭祀大地的时候需要人头人血，大地才会高兴，全年才会物产丰收；我们建造新房需要在地基底下埋下活人，家庭才会兴旺；我们死后需要奴隶殉葬，在冥界才会有人继续服侍。总而言之，言而总之，有多少奴隶要杀，就编织多少理由。这些理由一代代相传下去，便成了风俗。

风俗是什么？风俗就是一种约定俗成的行为习惯。一旦杀戮成了风俗，带给心灵的阴影就没有那么浓厚了。因为在人们看来，那都是理所当然的事情。

呵呵。老爸，你这个将因变果，又将果变因的说法真是太新颖了，这是我第一次听说。可否有文献可查？当然，就算没文献可查，我也相信你对那段历史的揣测：不是人们有了殉葬的习俗，才要去杀人。而是人们有很多必须要杀的奴隶，才有了殉葬的习俗。

是啊！历史太过久远，奴隶殉葬的原因，都是后来人类学家和历史学家推测出来的，而既然他们能推测，我们根据自己的智识，也可以做出自己的判断啊，这才是做学问应有的态度。我读过很多人类学方面的书，这方面的知识还是挺丰富的。当然我不能说殉葬制的原因就一定如我所推断的，但显然也可以作为以后的一个研究方向。我的确是这么认为的：不是先有殉葬习俗，人们才去杀人，而是有很多必须要杀的奴隶，才有了殉葬习俗。现在的人们把殉葬习俗恨得牙根痒痒，可对当时的人们来说，这种习俗也许是一服抚慰心灵的药剂呢。

习俗的形成，总是在行为事实之后。习俗的重点不在于要干什么，而在于为"干什么"寻找理由，让"干什么"变得顺理成章。不是我们要杀奴，而是因为杀奴是上天的需要、大地的需要、冥界的需要。被杀的奴隶，要么上天陪天仙去了，要么到四方陪山神水灵去了，要么到地下陪祖先去了，他们没有死，被灭的只是他们的肉体，他们的灵魂会得到永生。这么一牵强附会，目睹杀戮的人的心灵就安宁了。

**这么说来，习俗从来就不是什么罪魁祸首？干了什么，不是习俗的事，习俗只是粉饰人们为什么要这么干。可为什么说起那些愚昧落后的习俗时，我们就会一肚子愤恨？**

这也不奇怪。我还是用杀奴行为来解释吧。当初，部落没有军队，去攻击另一个部落时，几乎是倾巢出动。打赢了，就将对方的人马和财富全部掳走。只单单抢走财富可以吗？不可以。因为怕对方报复。怕的原因是部落与部落之间的实力其实相差不大，之所以能打赢，除了准备充分和偷袭外，其他的因素都是偶然的。按巫师的说法，就是上天在助我们一方。

到后来，出现了青铜、铁器等金属，王国有了大量剩余财富，可以豢养军队了，这时打了胜仗，就不必将人全部掳走，只要打垮或灭掉对方的军队，问其首领服不服；首领俯首称臣了，就可以撤军了，之后，隔段时间派几个喽啰到这里来巡察一下，一是催促他们按时交纳财物，二是不让他们暗蓄军队，就可以了。

社会就这样进步了，奴隶制土崩瓦解，封建社会闪亮登场。这时，殉葬的习俗，不知不觉由"进步"的变成了愚昧的，自然让人一肚子愤恨。

哦，以前杀奴，是因为怕奴隶威胁己方的安全。现在有军队保障，战败方也不再与己方朝夕相处，而是隔得老远，加上城池也逐渐修筑起来了，安全完全不是问题。而随着生产力的进一步发展，一个人除了能养活自己，多少还有点剩余价值，劳动力一时成了非常宝贵的财富，这时如果还随意乱杀，就与王国集体利益最大化的精神相违背了，自然就是反动的了。

你理解得非常正确。问题是，习俗一旦形成，会在人们的头脑中根深蒂固，并形成一种反智性的思维逻辑，某些看不到社会巨变的巫师，反过来可能会把因当作果。

某天早晨，某个巫师会疯子一样在广场上仰天长叹："一定要有人头啊，祭祀如果没有人头，上天一定会惩罚我们的！"那时冥顽不化的他就可能失去做巫师的资格。惹得大王烦躁了，会说："人头没有！献上你这颗猪头行不行？"他立马脖子一缩，噤若寒蝉。

这时，新的巫师或各种新学派，便会如雨后春笋，纷纷冒出来。他们会为人类的新行为，冠上新理由，并让这些理由，成为新习俗。其目的，还是让大变革时代中惶恐不安的众生，再度获得心灵的安宁。

哈哈。老爸，你还是蛮幽默的嘛。不管你的推论正确与否，你已经给我提供了一个崭新视角和思考问题的方式，我觉得对我以后做学问会帮助很大的。按你这么说，任何习俗，最开始都是先进的喽，都是符合人类集体利益的喽？

到目前为止我还举不出反例来。当然，我早说过，人文学科是容许反例的。人文理论是一种概率综合，一个理论能囊括百分之八十的现象，就非常了不得了。

我举个例子，你不一定能解释。呵呵。

说说看。

缠足。

嗯，是挺可怕的一个习俗哈，简直有百害而无一利。

我也是这么认为的。可依你的观点，首先是因为必须要缠足，然后才有为缠足寻找理由的习俗。

那我们一起来分析一下看，缠足的原因究竟是什么？缠足的起源似乎挺神秘的，历史上有很多种说法，有的说法是荒诞不经的。较为靠谱的说法是从南唐李后主开始的。李煜那时喜欢一个宫女叫窅娘，常常让窅娘用帛匹裹着脚跳舞，觉得很美。慢慢地，这种以布缠足的风气就由宫内流传到宫外，于是就有了缠足的开始。但据老爸推测，这时的缠足还只是一种装饰而已，跟后来那种要让趾骨变形的缠法应该有本质的区别。而天下之事，从来都是"无利不起早"，如果不符合集体利益最大化的话，它就不会在社会广泛流传。可是，把妇女的脚人为地捆扎起来，让它尽量地不长大，走起路来，摇摇晃晃的，怎么看都不符合人类集体利益最大化，不是说，妇女能顶半边天吗？她们的脚变小了，站都站不稳，能做的事情自然就少多了。

那为什么还是缠了呢？

据说，真正的缠足流行于北宋。有一说是目前发现的第一首咏缠足的词是大才子苏轼写的：涂香莫惜莲承步。长愁罗袜凌波去。只见舞回风，都无行处踪。偷穿宫样稳，并立双趺困。纤妙说应难，须从掌上看。词牌名是《菩萨蛮》。很显然，他是从欣赏的角度描写的，他写出了小脚女人跳舞时的袅娜娉婷，这就是说，那个时候，缠足的实用价值已慢慢向审美价值转移，这其中自然有习俗的功劳。到了清代，文人李渔还专门写了一篇如何欣赏和把玩"三寸金莲"的文章，他竟归纳了四十八种之多。"三寸金莲"就是对被缠过的小脚的美称。

老爸，你不要顾左右而言他啊。

不是。这些一定要先说清楚才好。现在我来分析一下，缠足的必要条件。第一，社会安宁，财富丰足。如果是动乱年代，谁受得了自己的老婆站站不稳，跑跑不动啊？如果生产力不发达，财富不丰足，谁家受得了让妇女"闲置"在家啊？当然，真正闲置的还是一些富贵人家的小姐妻妾。所以缠足的风气也肯定首先始于上层，然后向下层漫延。从普通百姓家女孩的缠足，我们可以推断出第二点，就是当时社会的手工业发达。妇女就算不出门，也有大量的琐事等着她们，比如织布纺纱，描红绣花，缝缝补补，还有养猪育娃，等等。

哈哈，还怪顺口的哈。

你别打断我。总之，从两性的利益平衡看，男性一定认为妇女禁足在家，干的事情也不会少于自己，才甘心让女性缠足。而既然是女性缠足，不是男性缠足，第三点，当然说明那是个男权主义很严重的时代，社会以男性为主导。但不管怎么说，这些都不是妇女一定要缠足的理由呀。

不管这些条件怎么样，妇女不缠足总比缠足要方便得多。而且，从女性的角度来看，缠足对她们没有一点利益可言。

那么我们就换个角度，从男性的角度来看。其一，妇女缠足了，只能在家里干些琐事，进一步强化了男为主、女为辅的男权主义纲常。其二，妇女缠足了，很少在外面走动，那么红杏出墙的概率就会低得多。那么，缠足为什么没有兴于唐朝呢？我看最大的原因，是唐朝李氏一族有少数民族血统，唐朝思想较开放，社会没有后世那么注重纲常和伦理，所以唐高宗李治才敢把他老子唐太宗的才人武则天娶作老婆，而唐玄宗李隆基才敢抢自己的儿媳杨玉环，纳为贵妃。到了北宋，"存天理，灭人欲"的程朱理学一兴，对女性婚前性行为的禁止便到了新的程度。不论哪个女子，如果婚前有性行为，那就等着受死吧。这时，父母对女子的缠足，既是无奈之举，又是出于对女子的保护，生怕自己又傻又天真的女儿出门在外，被哪个坏男人一个眼风给勾引走了，从而酿下滔天大祸，一失足成千古恨。其三，这双足一缠，女子大门不出，二门不迈，便无法选择心仪的男人，只能听从父母的安排，为了家族利益而出嫁的不在少数。这时的女人几乎可以看作是男人的私有财产。就算在阁楼的窗户里偶然相中了一个过路的"张生"，半夜一根绳子吊下来要私奔，可因为一双站都站不稳的小脚，又能跑到哪里去呢？所以，缠足是男权主义社会男性对女性最完美的控制。

　　呀呀呀，老爸，你绕来绕去，我感觉现在终于说到点子上了。一句话，缠足是男性集体利益最大化的充分体现。呵呵。

男性自然不能让女性看出这一点,"我们痛得要死要活,原来全是为了你们的利益,啊呸,除非杀了我,否则决不缠足。"怎么办?反正母系氏族社会过后,社会现象的解释权一直掌握在男性手中,现在舞文弄墨的文人便翩然上场,把那些个缠足的小女子夸得千好万好。什么好词好句,全往她们身上堆。这样一来,女性之间的利益又出现了分歧,从生物学的角度上讲,美丽是女性收获灿烂未来的重要条件之一,"既然缠足的女子被苏大才子们夸成了一朵花,那小女子我也只能咬咬牙,忍着痛,把足给缠了。"习俗慢慢就形成了。就像龚自珍说的整个社会以病梅为美一样,整个社会也以"病足"为美。

**那后来,缠足不符合男性的利益了吗?**

正是,所以就放足了。

**怎么说呢?**

放足主要是在清末民初。但其实无论缠足的习俗多么流行,也不是所有的女子都缠,比如说,朱元璋的老婆马皇后就是一双大脚,虽然她当上皇后之后,一双大脚饱受别人暗嘲,但当初如果没有她这双大脚,又如何能帮朱元璋夺得天下?可见,缠不缠足,还得在什么山上唱什么歌。到了清末,国力羸弱,外国鬼子想怎么欺负中国就怎么欺负,中国的有识之士要寻找原因,发现国外都没有缠足的陋习，便觉得这么禁锢女子是不对的，要充分发挥"半边天"的作用。清政府也反对缠足，但并未成功；太平天国也反对缠足，还是不成功；然后到了康有为、梁启超这一辈的知识分子继续反对，社会缠足之风才有所松动；再然后是民国政府明文发布反缠足令，甚至规定25岁以下的小足女子禁止行走在马路上；新中国也强烈反对缠足，最后缠足才得以废除。我以为其深刻原因所在，其一，自然是学习西方的结果。当时中国一败再败，民族自信心到了最低点，西方人嘲笑的东西我们自然要改。其二，随着工业革命开始，纺纱织布交给了工厂，家庭手工业开始走向末路，女子待在家里的价值已经很低了。其三，工业革命使得很多社会劳动变得轻松却要有耐性，女子比男子更胜任这些工作，需要女子走出家门。其四，随着科技的进步，女子可以自主掌控受孕与否，男子能轻易鉴定孩子是否由己所出。其五，随着科技的进步，女子在越来越多的行业可以与男子分庭抗礼，甚至强过男子。男子操控女子越来越难……凡此种种，缠足没有任何存在的理由了。于是，缠足便成了野蛮的陋习，再没有人会觉得小脚美了。我小时候曾经看过一个老婆婆的小脚，触目惊心的畸形，除了丑陋还是丑陋，哪里有半点美感可言？时至今日，我想起它，仍觉得心悸，实在是太残忍了。近一千年来，中国女子实在是太不幸了。我就想，只盼女子奋发图强，什么时候在这个社会占绝对的优势，让男人也缠一回足看看。

啊？

呵呵，开玩笑的啦。要我缠足，我必造反。若是反抗不行，不如去死。

反什么反？小女孩几岁就开始缠足了，若是小男孩从几岁就开始缠足，想反也反不成，想死也死不了。

哎呀，这一扯扯到哪里去了？

哈，虽然扯远了，但还是挺有趣的。要不，现在回来，再聊一聊我们为什么要学那么多没用的东西？

已经聊得差不多了啊。你觉得这些没用，其实有用。这些东西能迅速扩充你们的心灵容量，定型你们的人格，塑造你们的"三观"，使你们从原始社会的婴儿飞速提升到工业时代和信息时代的少年。人类几千年的文明进程，你们十几年就要过一遍。

这么说来，生得越晚的孩子，就越辛苦？

那当然，再晚生一百年，又不知多少新东西等着孩子们去消化、学习呢。

好险好险，我还只是生在这个时代。

可你有没有想过，晚生一百年，这个世界将会奇特成什么样？各种闻所未闻、见所未见的新东西层出不穷，让人眼花缭乱，流连忘返。

**还流连忘返呢，逛公园啊？你不妨给我设想一个新场景，看我有兴趣不。**

比如说，地球上再也看不到一条公路了，每个人一出门，就有一架飞碟等着你，你只要说一声去哪，它就带你去哪——这是在地球。如果去别的星球或宇宙空间站什么的，钻进时空运输机里就可以了。

**呀？听起来诱惑还是蛮大的嘛。你这么一说，我倒希望我自己晚生一百年。**

不怕晚生一百年更繁重的学习任务了？

**不怕。**

呵呵，其实怕也没用。你已经出生，就不可能推迟一百年出生。而那时的孩子如果已经出现在他妈妈的肚子里了，也不可能因为怕繁重的学业而不肯出生。出生无法选择，那么我们所面对的文明也就无法选择。宋朝孩子们开的课程不可能像你们现在的课程，而你们的课程也不可能还只停留在宋朝。你们所面对的文明，必须有相应的课程来匹配。如果你说，太累了太累了，我不要学那么多东西，我不要享受现代文明，我想退回到宋朝去，只享受那时的生活就可以了，可不可以啊？答案当然是不可以的。因为现在，已找不到宋朝的生活供你享受了。就算找得到，你恐怕一周都享受不了。

一周都享受不了？

当然。比如说，你可能要住茅草屋，没空调，没电扇，你要自己上山砍柴，自己下田种粮，自己养蚕织布……几乎所有的生活品，你都要自己生产。你能享受一周吗？

妈呀，这哪是享受啊？我一天都受不了……好吧，我认命，从此好好学习，天天向上。

这就对了，权益和责任是对应的。你享受了多大的文明利益，就得为这个文明负多大的责任。

这么说来，我们天天背啊记啊算啊，是在为文明负责啰？

没错。

我是这么想的，你看啊，现在的书啊千千万，要说是

**扩充心灵容量，尽快掌握文明成果，那我们读书的方式就不应该是现在这样的。**

那应该是怎样的呢？

**应该不是比谁的成绩高，而是比谁看的书多。**

嗯，你的意思我明白，谁看的书多，谁就掌握更多的文明成果。问题是，我怎么知道你看了这些书？又怎么知道你看懂了这些书？如果你今天往图书馆走一遭，你说所有的书你都看完了，那考官如何评判？

**如何评判我还没想清楚，但总会有评判标准吧？**

哈哈，赶明儿，我们父子俩要不要设计一套新的教育模式，献给教育部？

**呵呵，你不是说笑话吧？**

这个可以有。但我又觉得我俩不算聪明人，比我俩聪明的，全国应该有上亿人，甚至还不止。他们都没有给教育部献什么教育新模式，你说我俩行吗？

**哎，也是。或许现在的教育模式也没有那么差吧？**

呵呵，自然没有那么差。

**这么说来，你只是在跟我开玩笑啰？你说看看，怎么不差了？**

以前的书生，读完四书五经，就可以夸下海口，天下之事，无所不知。这当然是狂妄之言。花生的花开在地下还是地上？花生的果结在地下还是地上？你真的知道吗？但不管怎么说，那时的文明成果毕竟是有限的，有一些狂妄之言，也不足为怪。可到了现在，书生们再也不敢夸这样的海口了，他最多只能说："我是教育学士，文学硕士，哲学博士，但我的博士后论文写的却是明清资本主义经济萌芽。"如果真有这样的牛人，我们一定会肃然起敬。可其实相对于层出不穷的新知识来说，他的这点东西又算什么呢，九牛一毛都没有。

所以，我们刚才口口声声说学习是为了扩充心灵容量，接收文明成果，事实上呢，这"扩充心灵容量"是真的，但说到"接收文明成果"，却只能接收很少的一部分。文明的成果实在是太大了，我们就算穷其一生，顶多也只能与那个文学硕士、哲学博士打个平手。而文明的大部分成果，我们只能望洋兴叹。

**不能全盘接收，那说明我们对世界的了解是片面的。**

你说得没错。所以现在我们只能浮光掠影地去了解这个世界。就算不能知其所以然,但能够知其然,就尽量知其然。比如说,我们懂得操作电脑就可以了,而不必花时间知道电脑的制造原理、程序和工艺,那些有专门的科学家和生产者负责。

对啊,这么说来,教育是不是应该改革啊。为了更多地接收文明成果,我们就应该尽量多读,而不是从小学到高中,只捧着几本课本。把这几本课本读好了,就是乖孩子,就有"糖"吃。

第一台电脑的诞生,应该是花了科学家几十年的时间。但看了使用说明书,我们绝大部分人只需半个小时,就会懂得如何简单地操作它。这表明什么?这表明享受文明成果要比出产文明成果容易得多。文明的奥秘,你可能会越来越不懂。但只要你是这个时代的人,你丝毫不必担心由于自己太笨,而享受不了这个时代的文明成果。比如说,一只猴子无论你怎么教,它都不会使用手机,而这个社会的绝大多数人,无论手机的更换频率有多快,都很快就会懂得它的使用程序,并熟练地操作它。

这么说来,我们用不着那么努力嘛。享受总是容易的!

我还没说完呢。电脑的诞生,或许是几代科学家的心血。但不管是几代,这些科学家的数量都是有限的,主要的研发人员也许不会超过一万人。但自有了电脑后,电脑的制造业、销售业以及售后服务业，就需要几百万甚至几千万人。

**你想说什么？**

这些人依靠制造电脑而生存，他们中的任何一个人，或许都不能独立制造一台电脑，但他们只要在流水线上加固一个螺丝，焊接一条电路，一台台电脑就生产出来了。与使用者相比，他们的优点在哪里呢？

**他们需要熟练，需要精细，需要一丝不苟。**

太对了！使用者因操作不当导致死机，重新开机就可以了。而制造的人稍不留神，只要有一个小小的疏忽，就可能导致一台电脑不能正常运转。由于工序太多，纠错的时间也许比制造一台电脑的时间更长。如果生产线上不熟练、不精细的人太多，产品质量肯定达不到要求，那这家公司就等着倒闭吧。

**我现在终于明白，我们为什么要日复一日、年复一年地演算那些方程式了……**

就明白了？说说看？

**现在我算明白了，为什么在知识爆炸的时代，还要让**

那些学生把仅有的几本课本读熟、读烂，而不是干脆把他们关进图书馆，任他们在知识的海洋里遨游。或许相对那些我们自以为是的知识而言，这个社会更看重我们有别于猿猴的人格和品性？教育的第一目的或许不是让我们掌握更多的知识，而只是借功课来磨砺我们的意志、克服我们的毛躁、锻造我们的耐心、塑筑我们的严谨、铸就我们的细致？

以前总觉得应试教育扼杀了人的天性，有万害而无一利，现在看来，正是应试教育为这个时代培养了千千万万严谨、细致、有耐心的人，把我们培养成了一定社会和阶级所需要的人。而要成为精英分子，就更加需要一丝不苟的品质，奋发向上的努力。

呵呵，深刻啊。所以应试教育不见得就一定不好。一个人是虫是龙，在中学阶段是看不出来的。

可芸芸众生中，有几个精英分子呢？

可在我看来，如果"站在世界巅峰"的人比现在再多一倍，文明更不知要爆炸到什么程度，那么灵魂更加赶不上肉身的步伐了。

看样子你是嫌人类社会的天才式人物多了？

就算是天才，也必须要过这道坎，磨一磨心性，受一受叨唠，自觉遵守文明的规章制度，将"爱世界、爱社会、爱人类"看作一种必然的思维逻辑。什么是必然的思维逻辑？就是想都不要想一下，就觉得这是应该的。要不然他的天分越高，很可能不是越能造福社会，而是越能危害社会。

**有这样的人吗？**

我说的这种人，目前还没有，但希特勒就类似于这样的人。除了希特勒，历史上还有很多以毁灭文明、屠杀人类为乐的人。

**那就磨吧磨吧，从此我逆来顺受好了。**

呵，其实也有补救措施。就拿你们学校来说吧，一边大家都要接受常规的教学，一边又举办竞赛班，从某种意义上来说，竞赛班就是为社会挖掘特殊人才的。这些人在某个方面有天分，他们以后很可能会成为推动文明前进一大步的人。

**哦……可我什么竞赛班都没参加啊，完了完了，看来我只能做个"普通人"了。**

老爸真的不觉得这样有什么不好。即使是普通人，我们也要熟练地掌握一门技艺去生存、去生活，然后健康快乐地享受文明的丰富成果。那些有天分的人，要把文明的巨石朝前推动一步，是何等的艰难，非要付出毕生的精力和时间不可。

**这么说来，我读书用不着那么发狠啰？**

即使是普通人，做一个优秀的有才华的人不也是挺牛的吗？你要知道，我们的幸福感其实不是与远方的人相比较得来的，而是与身边的人相比较得来的。就是说，如果你强过了你身边的人，你就会感到更幸福一些。至于那些科学家呀，政治家呀，军事家呀，离你那么远，离你的生活那么远，你很少会把自己与他们比较。

**所以我还得发狠喽？好吧，发狠吧，做不了绝世高手，至少也得做一个能自力更生、努力生活的人，免得给社会抹黑。**

呵呵，大器也有晚成的，特别是在人文学科领域里。所以能否做绝世高手，二十岁之前，你也不必下判断，还得看你自己的意志力。

**我发现这么搞下去，机器人还没有广泛使用，社会已把我们改造成机器人了。**

你这样理解也没错。文明是一架精致的机器，它需要精致的人来操作，而不是一群手忙脚乱的猴子。

老爸，你说这个工业化吧，是很复杂。但具体到个人来说，又很简单，对于流水线上的某些人来说，一辈子只需要认真拧紧一个螺帽就可以领薪水生存了。

你把拧紧一个螺帽看得太简单啦。当然，也许相比一个农耕时代的人，想要生存，需要掌握的技能，很可能比工业社会的人要多得多。比如说，他要学会犁田耙田，上山砍柴，要学会识别毒蛇毒蜂，被毒蛇毒蜂咬了蜇了，还要学会及时寻找草药自我解毒。他们需要的智慧的确比现代人要多得多。

那么这样看来，文明越发展，对芸芸众生的智慧要求不说越低，但可能会停止不前啊，我们不会越变越蠢吧？

呵呵，你只考虑了生存需要，却没有考虑精神需求，或者说心灵需求。是的，有些人生存的方式可能很简单，但在他的精神生活中，他需要掌握的东西却比古人要多得多啊。比如说，看电影，玩微信，打游戏，QQ聊天……这一项项，不需要智慧啊？就算是出于好奇，看的那一部部杂书，不比古人多得多啊？

也是啊，是我想偏了。难怪我看过一项调查，说现在用在吃饭穿衣上的钱，与总的消费比起来，比率越来越小

**了。原来是人们把钱花在精神需求上了。**

没错。只是经你这么一说,我也有一个疑问了。

**什么疑问?**

人类对物质和精神生活没有止境的追求,使得社会分工越来越复杂,社会工种越来越繁多。而我们又处在一个大合作时代,同一个工种,也是流水作业,各做各的一段。这么一来,我们很难再有农耕时代那样的共同体验了。在农耕时代,我们的工种非常有限,每个人都熟练多种活计,即便没有从事某项工作,但也熟悉它的流程,或者有过体验。而现在,很多工种我们不但不熟悉,甚至是闻所未闻,见所未见。工种的不同,导致体验的不同,导致我们因失去共同语言,彼此变得越来越陌生,同时对世界也越来越陌生。

又因为制造产品与享受产品所需要的智慧含量和情感含量,也完全不可同日而语,那么,产品的制造者就算是在产品的享受者面前,也是孤独的。我们爱看电影,但电影制作的甜酸苦辣,一般人能体会吗?我们爱玩电脑,但电脑软件开发的曲折艰辛,一般人能体会吗?不能。

文明太复杂了,太庞大了。如果把工业革命之前的文明比作一幢房子,那么后工业时代的文明已膨胀成一座硕大无朋的都市,作为单个的人,没有哪个能够全部掌握它。文明以其无可比拟的繁复性,使得人类不得不分成数以万计的群体，去共同分担它的传承和开掘任务。

在工业革命之前，文明的整体性和直观性是很强的，其传播和继承的途径也很纯粹。就是说，由于工种不多，加上一百年也产生不了一个新工种，那时的人们几乎明白世界上所有工种的操作程序，就算不明白，稍微学一下，上手也非常快。相同的工作和区别不大的生存环境导致人们的人生观、价值观和世界观差不多是统一的。

而现在，工种实在太多了，分工实在太复杂了，再没有谁能有全局观念了，再没有哪个组织或机构能从整体上把控文明了。这时文明可能就不会像一个圆润自如的球体了。很可能这门学科发展太快，而那门学科发展太慢，文明从一个球体，变成了一个不规则的多棱体，这时科技虽然在日新月异地发展，这个不规则的多棱体，却再也不能滚滚向前了。

**我不太明白你在说什么，老爸，你举个例吧？**

比如说，我们的能源利用技术显然比环境保护技术要超前得多。

**哦，明白了，也许雾霾现象就是科技互相掣肘的产物。**

不错。能源利用技术一味超前，是不是有利于人类集体利益最大化呢？就很难说。既然不一定有利于人类集体利益最大化，那么文明是不是在整体向前发展呢，也就难说得很。

呀？如果不整体规划，我们很可能因为某项技术的过度开发，反而开文明的倒车？

这是很可能的事情。这就是我的一个疑问。

难怪现在很多电影都反映了这种隐忧。

比如？

比如机器人造反，就是对电脑技术过分超前的担忧。比如变异恐龙的造反，就是对生物基因研究技术过分超前的担忧。

没错。这些电影都直观地反映了人类在犯"科技左倾冒进主义"的错误。

好奇怪啊，信息这么发达，我们的科技却再也不能"互通有无"了。

信息就是一根根麻线，如果揉成一个乒乓球那么大的东西，也许我们还能一一解开。可如果这团麻纱有一个篮球场那么大，任谁有十八般武艺，也解不开了。我们陷在信息的汪洋大海中，大多数光阴被那些无用的信息给埋葬了。

**你不了解我的工作，我不了解你的工作。按马克思的说法，劳动创造人本身，那么随着工种的不同，我们的"三观"将会越来越不统一，那时你不了解我，我不了解你，我们将会越来越孤独。**

有可能。长期从事某项工作，势必会塑造成一种与这项工作息息相关的人格。只有从事同样工作的人，才可能有共同的语言。但从事同样工作的人却不在一个家庭，一条街道，甚至一个城市，一个国家。所以人类也许会越来越孤独。陪伴人类的，不再是人类，而是那些越来越精细化的精神产品。

**难怪我们家里的人不怎么聊天，爷爷天天抱着个电视看，你天天抱着本书看，我天天做作业，妈妈天天玩淘宝，奶奶天天去跳广场舞。**

呵呵，你这么理解也没错。好在我们这个家庭的工种也不算特别离奇，互相之间如果要聊天，也还是聊得起来的。

**这么看来，培养大致差不多的人格和"三观"，对中小学教育来说，也是很重要的。**

没错。人类需要一些共同的东西，凝成一个整体。绝不能让"人心散了",这是文明的根本。文明必须有共同的价值观,必须向"人类集体利益最大化"努力。要不然,就会像小时候学的一篇寓言课文那样,那驾车子,鸟要拖着往天上飞,鱼要拖着往水里潜,牛要拖着向前走,猪要拖着往后退。结果无论怎么努力,车子都无法动弹。这其实还不算最坏的结果,最坏的结果是,车子突然四分五裂,然后一个个拖着一块朝着自以为对的方向前进。那时的人类,就真不知道是个什么样的结局了。

**好吧,我终于知道我们为什么要学那么多"没用"的东西了。庄子说,无用之用,方为大用。呵呵,放心吧,老爸,我再也不抱怨,不放弃了。**

可是,这个话题一打开,我内心里有某种特别不安的感觉。我觉得这个时代,必须有一门新的学科出现了,我不知道现在有没有社会规划学。就算有,这门学科也似乎小了,还得有文明规划学。

**哎,是啊。如果把社会比作一辆飞奔的汽车。这时其中一个轮子在悄然无限度地长大,那等到它大到一定时候,这辆社会的汽车必定会四脚朝天,甚至车毁人亡。**

还有还有,既然文明的发展越来越不是个体的人所能看清楚看明白的,那么以后一个国家的决策权,是不是应该掌握在科学家、政治家、社会学家和企业家等组成的精英集团手中更好一些?

哎,老爸,你也别这么担心。科技的力量是无穷的,或许有一天,我们的社会管理直接交给大数据就好了,机器人通过数据分析,觉得我们的这项新政策该出台了,那项旧政策该废除了;这门科技的发展该停一下脚步,那一门科技的发展该加大投入;等等,它算得清清楚楚。

我估计你说的这个,可能是管理未来社会的重要途径。

生年不满百,常怀千岁忧呀。哈哈,这诗我算是理解透彻了。

# 人类
# 为什么要
# 歌唱爱情

老爸,告诉你一个秘密,我们学校有人谈恋爱了。

嗯,这挺正常的。

如果我说,那人是我呢?

这,也正常。

放心吧,不是我。

是你我也放心。

老爸，这会儿你当然可以说大话，我们老师把恋爱同学的家长都叫到学校了呢。

叫到学校，聊一聊，也不是什么大事嘛。

同学们在议论呢。

议论什么？

说什么的都有。有的说，我们在读书，不能谈恋爱。有的说，老师和家长未免有些大惊小怪，小题大做了。

你们说的都对。

为什么都对？

生存繁衍，为什么生存放在繁衍前？

没有生存，哪有繁衍？只能先说生存了。

没错。恋爱活动虽然客观上可以提升人的精神境界，但最主要还是身体需要，其目的是奔着繁衍去的。既然你们现阶段还没有哪个人能自食其力，也就是说，你们还没有能力依靠自己的本领生存下来，那么这个阶段自然不提倡繁衍。你们读书好比是在学习生存技能，因此不太早恋爱是对的。

**那老师家长怎么小题大做了？**

十五岁，女孩都来了初潮，男孩大多数也开始梦遗。从身体的角度来讲，人已经具有繁衍能力了。在古代某些时期，这岁数已到了法定结婚年龄。所以，男孩与女孩这时就算谈了恋爱，也是一件挺自然的事情，老师和家长要干预，得有理有利有节，要让事情自然翻篇，而不是闹得你们所有同学都知道。

**嗯，又是一个应该要辩证看待的问题。老爸，事情到了你嘴里，怎么做都是合理的。**

应该说，都是有理由的。

**不一样吗？**

"合理"是指通常意义上的正确，"有理由"则是指虽然欠妥当，却情有可原。

**嗯。老爸，那你说我们恋爱，为什么叫早恋？哪里早了？**

从发育的情况来看，身体才刚刚成熟，你看看你，跟我相比，骨骼都还没有长开，如果这时要恋爱，自然是早了。而其实之所以叫早恋，刚才我已解释：就是人还不能独立生存就开始恋爱，这才是早恋之所以"早"的真实原因。从字面上理解，早恋应该是一个中性词，但因为是在错误的时间做了一件错误的事情，所以，"恋"字前面冠上"早"字后，这个词就有贬义的色彩了。

老爸，你说我以后会恋爱吗？

自然会。

可为什么别人恋爱了，我连一点要恋爱的感觉都没有。我甚至都不知道什么是恋爱。

啊？那我问你，你对女孩的好感是不是要比对男孩的好感要多一些？或者说，在班上，你是不是更关注女孩的举动一些？

这个倒是。

那我就放心了，你以后自然会恋爱的。其实，我倒是挺羡慕你的，老爸当年可是被早恋害惨了。

呵，太幸福了。我应该羡慕你才是，我有什么好羡慕的？

严格来说，老爸当时应该是暗恋吧，那是一段痛苦的经历。就是因为害怕你还在懵懵懂懂时就进入恋爱状态，所以，你读初中的那会儿，我才写了一本《与子书》供你参考，希望能给你一些指导性意见。

"爱情是美好的。"不同年龄段的人听到这句判断语，一定有不同的感受。假如一个青年男子要死要活地哭倒在一个青年女子脚下："别离开我，没有你，我活不成啊！"让旁边一个六七岁的孩子听了，一定会感到莫名其妙：这么大的一个人，没有她，怎么就活不成了呢？她又不是他的妈妈。如果有人告诉这个孩子，那男子哭泣，是因为没有爱情了，这孩子也许就会想：我也没有爱情呀，我怎么不哭？

我这么说，是什么意思呢？意思是说，并不是我们一出生，爱情就如影随形地陪伴我们。在没有爱情的童年里，我们丝毫不会因爱情的缺失而感觉生命有什么缺陷。没有爱情的童年，我们活得丰沛而快乐，大脑是指导我们行为的唯一神经中枢。我们活得干干脆脆，简简单单，统一而纯粹。没有爱情的童年，我们几乎就认定我们是属于我们自个儿的。

但青春期来临后，第二性征开始显露，很多莫名其妙的心思如花雨般闯入我们的心扉，这时候我们的理智和情感，灵魂与肉体常常会处在一种两难状态。

比如说，某个春夜，你的理智告诉你，你得尽快完成这一天的功课，但情感却促使你，耗费大量精力和时间写了一封又长又臭的情书。你的灵魂明显是想"月白风清"地过日子，可你的肉身仿佛也能思考，它在幻想像哺乳动物那样去交配，让你一面尴尬、自责，一面又在尴尬自责中产生性幻想。

　　这时候，其实相当于你身体里住进了另一个主人。除大脑之外，性萌动也会常常左右你的思绪。你不再统一，也不再纯粹，你不是独立的，也不是你自己的了。脱离母体后，你看起来是无拘无束的，现在，造物主突然塞给你一根繁衍的接力棒，要你传递下去。可由于人类是雌雄异体，你想复制基因，还非得与另一个人合作不可。童年时你觉得自己是完整的，可到了青春期，你突然发现自己是残缺不全的，非要与另一个人搅在一起，内心才踏实，才安全，才丰盈。

　　爱情本身既不带贬义，也不带有褒义，它甚至是无意义的。它之所以看起来那么美好，其实只是造物者强加给人类的一个错觉。所以，有些人老了，性能力消退后，他有时会觉得青壮年时因爱情而发生在自己身上的悲欢离合是荒诞不经的，是幼稚可笑的。那时候，他完全从繁衍的藤蔓上解脱出来了，他又成了一个超然独立的人。

　　正是因为这样，我才羡慕你。至少你现在还是自己的主人，而不是繁衍的奴仆。

　　老爸，要不要这么深刻啊？不怕我以后都不想恋爱了？

不会。造物者安置在人体内的第二性征实在是太强大了，我们的大脑会在很长时间内被它控制，它向我们发出指令，一定要去咬爱情的饵。

**既然这样，历代以来，为什么还有那么多文人墨客歌唱爱情？**

人类歌唱爱情的本质是为了繁衍大业。其一，从性行为的角度来讲，繁衍也就是几分钟的事情，而且性的驱动力也不是持久不变的。性交后，两性之间会产生一种微妙的倦怠感，这时，对于动物来说，也许就永远地分开了。比如一些哺乳动物，如狗、牛、猪、马等等。可在人类的历史上，很长一段时期，女性无法单独承担抚养重任。环境太复杂，婴儿的抚养期太漫长，必须有男性守护在身边，赶走豺狼虎豹，并从外面获得活命的食物。所以性交之后，身体的吸引力虽然减弱了，但爱情还在，依然可以将男女捆绑在一起。可在蒙昧时代，还是有不少花心男人性交之后就拍拍屁股走人了，把抚养的责任扔给了女人一个人。进入文明社会后，为了人类集体利益最大化，尽量减少这种花心男人，以期所有被复制的基因（婴儿）都能健康成长，人类就把爱情的坚贞抬到了无以复加的高度。而且，随着文明成果的日积月累，婴儿独立生存的期限越来越长，在原始社会，一个婴儿长到十岁，也许就可以独立在林中生存下来，而现在我们长到二十岁，才刚刚进大学。这时要求父母在一起的时间就更漫长了，没有别的办法，人类只有更加努力歌唱爱情。当然，随着经济独立的人越来越多，单亲养育孩子的能力越来越强，对爱情坚贞度的要求也没有过去那么高了。

呵呵，爱情原来也是这么世俗的东西啊。原先我以为，人类之所以要歌唱爱情，是想借爱情来净化人类的精神、灵魂呢，现在看来，其根本目的依然是为"人类集体利益最大化"服务的。

上回我们聊缠足的时候，也谈到了两性之间其实不仅仅是合作伙伴关系，造物者也许想让两性仅仅成为伙伴关系。但在人类的发展史上，两性之间的利益竞争一直是不平衡的。现在还没有资料可以表明，在母系氏族时代，男性的命运有多么悲惨。但在中国一千多年的缠足时期，女子的从属地位非常明显。从这方面来说，两性既可以是伙伴，也可以是劲敌。动物界，就有蜘蛛和螳螂什么的，在性交之后，雌性把雄性给吃了。可见它们也有成死敌的时候。这时，歌唱爱情就得歌唱爱情的无私奉献。两性之间只有无条件地奉献，才能将下一代更好地抚养成人。就是说，两性之间成为朋友，比成为敌手，更有利于人类集体利益最大化。

那么这就怪了，既然进化的指挥棒握在造物者手中，造物者为什么不让两性只成为朋友，永远不敌对？

那是因为两性之间的利益不是完全重叠的,利益重点也各不相同。

**怎么理解这话?**

按说,复制基因,是两性的共同目的,婴儿的一半基因是父亲的,一半基因是母亲的,看起来,两者的利益完全可以重叠。可问题是,造物者不知是出于对女性的怜爱,还是对她们的惩罚,它把生育的子宫给予了女人。男人要想复制基因,必须乞求女人。这也是为什么大多数时候,两性间的爱恋是男追女,而不是女追男最重要的原因之一。

另一方面,没有子宫的男人,省去了漫长的孕育期,反而解放了自身。从生物学的角度上讲,繁衍大业,男人只要几秒钟就可以搞定,女人却需要付出漫长的十个月。这样一来,不拥有子宫的男人,很可能拥有上千后代,而拥有子宫的女人,无论怎么拼死拼活,一辈子不可能超过几十个子女。据《吉尼斯世界纪录大全》记载,十八世纪有一个俄罗斯妇女一生共分娩27次,其中有16胎是双胞胎,7胎三胞胎,4胎四胞胎,一共生了69个孩子。但相对摩洛哥国王伊斯迈尔来说,却是小巫见大巫,伊斯迈尔国王在位55年,不但文治武功出众,更是生育了867个子女。

这种生育能力的严重不对等,决定了两性之间的利益不重叠,也决定了男女关系的复杂性。这种复杂性也是导致男女关系有时难以善终的隐性原因之一。大地之上，悲剧和离歌一遍遍地上演着。人类歌唱爱情，也是想借爱情的润滑油，来协调男女间的矛盾，软化男女间的冲突，使得情感悲剧尽量少发生一些，从而有利于培养后代。要不然，男人和女人是否是以喜剧开始，以悲剧收场，造物者才没心思去管呢。

**我有一事不明：你说男性追女性，是因为女性有子宫，可如果没有精子，就算有个子宫，还不是空空荡荡的，又怎么能够繁衍后代呢？可见女性也得求男性呀，那么，为什么不是女追男？**

好问题。其实刚才我已经回答了。那是因为物以稀为贵。一个子宫要经过十月怀胎才能诞下一子，而男人在这十个月内，产生的精子可达几十亿。如果仅仅是为了繁殖，而不需要抚养，绝大多数男人都是多余的。精子易得，子宫难求，所以社会上一般是男追女。当然，为了获得更好的生存资源，女追男现象也是常有的。还是那句话，人文论点不能囊括所有实例。并且在这里，还都是一些隐性的原因，而且是原因之一。在情爱上，男人之所以更主动一些，还有其他很多原因的。

**原来是这么回事啊。哎，造物者为什么不让男女的利益完全重叠呢？**

造物者为什么要让男女的利益完全重叠？

那样双方就只是朋友，不是敌人了。

造物者有这个义务吗？

造物者是没有这个义务，可那样不是更符合造物者的利益吗？因为那样可以让人类更好地抚育后代啊。

咦？这倒也是。

那么，是造物者在人类进化时"打瞌睡"去了吗？

我们不妨先来分析一下，男女之间的利益重叠需要什么条件。

男性一次射精之后，得十个月后才能再次射精？

不行。一次射精如果不能与卵子结合呢？

也是啊。那子宫得再等十个月，才有可能再次怀孕。那么造物者可以这样设计，只要射精，卵巢里就有卵子与之相结合？

这样的话，精子和卵子的质量能否保证，会不会增加病畸的新生儿？就算这样，两性的利益还是不能完全重叠。因为女性要怀孕十个月，并且在临盆时非常痛苦，几乎是在死亡线上挣扎。

那能不能够体外受精？

像鱼儿一样？或者像鸟儿那样，体外孕育？

嗯，人类为什么不能蛋生呢？

那不是进化的倒退了吗？放在现在，蛋生的话，也无所谓。但在原始时代，蛋生的话，要等十月才能出壳，恐怕很难保证蛋的安全吧？

那么可以缩短周期吗？鸡或者鸟，是多少个日子就可以孵出来？

十多天到二十多天。人类估计是不行的。你也知道，之所以说生物是低等动物向高等动物进化，最能体现的，就数胚胎了。人类的胚胎开始的时候与低等动物无异，胚胎越往后发育，才越像人类的。这就是说，人类的胚胎就需要那么长的时间，才能发育完整。这已经是最快的了。要知道胚胎在子宫里待十个月，相当于进化史的几十亿年啊。胚胎的发育期简直就是浓缩的精华期，那还怎么缩短呢？如果只要二十天，那生出来的不就是一只鸟了吗？

呀，这么说，还是待在母体里好。看来，人类的这种繁衍进化策略，已经相当符合人类集体利益最大化了，让人类的智慧遗传和数量增长，达到最佳平衡。

既然这样，造物者也就管不了两性之间的利益平衡了，同样也管不了人世间因爱情产生的悲欢离合了。

嗯，估计是它已经尽力了，只能这样了。剩下的，就看男女之间的自觉性了。

呵呵，《红楼梦》里说，不是东风压倒西风，便是西风压倒东风，可惜世间男女并不自觉。只要有压制对方的机会，就不会放过。

老爸，虽然我们分析得头头是道，但其实绝大多数人对两性关系的认识都糊里糊涂的吧？就是说，我们都是做了奴仆而不自知的人。

没错。

老爸，说说你当年恋爱，为什么会觉得很痛苦呢？

我的初恋，先是我暗恋了那个女孩八年，然后又与她正式谈了半年，结果很"惨烈"地分手了。整个过程之痛，我现在仍然记得。并且，它深深地改变了我的气质和性格。童年时我挺乐观的,从少年开始,我成了一个悲观主义者。

**怎么会这样?**

简单地说,就是那女孩当时恋爱犹犹豫豫,她挺优秀的,围绕在她身边的男孩不少,她反复权衡比较,都不知选择谁好。而老爸那个时候把爱情看得太神圣了,认为只要动了爱上一个人的念头,就必须从一而终。

**这么说来,那阿姨还是挺花心的嘛。老爸,我支持你!爱情就要纯粹一些,才"高大上"嘛。**

呵呵。我倒不希望你像我一样。

**老爸,你一定挺恨那个阿姨的吧?**

也没有。我们现在偶尔也会遇上,也就是一般的朋友了,无爱亦无恨,算是老同学吧。

**还是老爸大度。**

不是。是我现在明白了两性之间的利益格局。恋爱时,或者说在择偶期间,女人一般会理性得近乎谨慎,都要选了又选,挑了又挑,希望从众多的追求者中挑出体力、智力和财力都很优秀的那个人来。

男人则不同。由于没有子宫,男人自己不能生育,所以在没有与女人结合之前,男人一般会显得特别专情,他要让女人相信,非她不娶,她是这个世上唯一的那个人。为了所谓的爱情,男人们一个个似乎都可以拼命。野蛮时代,男人靠武力获取爱情,为了得到那个看着都让人心眼痒痒的女子,男人之间常常斗得血肉横飞,落败者甚至一命呜呼。社会进入文明时代,要想获得爱情,单靠武力已经不成了。原因是武力不再是获取生存资源的重要手段,女人们对那些五大三粗却不具有谋生本领的男人只会抱欣赏的态度,但要结婚生子,就有些犹豫。

文明时代,要想获取爱情,首先要看可以带来财富的才华,其次要看可以遗传健康的体魄,再次要看值得信赖的专情。所以在求偶期间,几乎所有的男人,都要把自己装扮成"白马王子",让女孩觉得他不但健康,有前途,而且还专情。

当然,几千年来的文明社会,已将人类熏陶成了一个古怪而独立的物种。以上所说的种种生物本能,基本上都不会以显性的方式出现,只会存在于人类的潜意识中,暗中影响人类的情爱婚姻行为。

**既然从物种进化的本质来说,人类这号物种不算是长情动物,那干吗还要歌唱爱情的忠贞?人类不是自己跟自己找难受吗?**

刚才不是说了吗？因为它符合人类集体利益最大化啊，就是说，最有利于人类的繁衍大业，最能保障下一代的健康成长。

这就奇怪了，这个人类集体利益最大化，是看不见摸不着的东西。就是说，作为个体，他是感觉不到的。他最能感觉的，是花心带来的方便和快乐。而歌唱爱情的忠贞，对个体的人来说，必须要有真情实感才行吧？他的真情实感是从哪里来的呢？

这倒是个问题。云南摩梭人有一种走婚制度。男子不与妻子同住，也不要求对自己的子女负责，女子一直住在娘家，家族是以母系的脉络发展。男子住在母亲家，必须对自己姐妹的儿女负责。我不知这是不是人类最初的婚配制。如果是，那么爱情忠不忠贞好像并不重要，对不？

那究竟是什么时候要求爱情忠贞的呢？我觉得大概是从私有制时代开始的吧。私有制导致财富和权力的过分集中，使得部落主有能力把最美丽、最健康、最聪明的女子据为己有。为了防范周围太多的觊觎者，他们开始制订并鼓吹忠贞的情爱观和行为准则，让除他之外的部落所有人都相信，忠贞才是情爱的唯一标准。要不然的话，部落其他男性，凭借自己某项高超的狩猎技能，也能俘获部落主女人的芳心，并在某个花香袭人的春夜，彼此暗结珠胎。

在我看来，这种忠贞情爱观，虽然可能是由强者首倡的，但客观上对人类后代的养育非常有利，而且情爱的忠贞，不但有利于强者对优秀女性的绝对占有，也有利于人类集体利益的最大化。所以，在被作为制度规定下来后，又被宗教和文艺无限度拔高，这大概就是人类为什么要歌唱爱情忠贞的原因之一吧？

当人类的血脉里，忠贞的因子越来越多，忠贞的情爱观，也就成了人类伦理道德的一部分。就是说，即便没有人强迫，大多数人也会把忠贞的情爱观当作一件自然而然的事情。何况，普通老百姓更渴望强者对各自配偶的忠贞，而不是一顿乱来，闯进自家的庭院，把自己虽然不美却也能生育的妻子霸占了去。也正是忠贞的情爱观和婚姻制度的相辅相成，人类的数量和质量才得到大幅度的提升。

你这么分析，我觉得在理。不管从什么时候开始，只要能看到实利，人类才会收敛自己的花心，也许正是因为不够收敛，才需要用道德来钳制，用文艺来引导，需要不停地歌唱爱情。

嗯，其实这些，我在《与子书》里，谈得详细得多，全面得多。是因为你还没有恋爱，所以这本书我还没给你看。等你更大一些，到了大学，再认真读一下那本书。

今天这么一聊，我倒是想尽快看到那本书了。

只要你有时间，随便你什么时候看，都可以。

# 美是从哪里来的

老爸,我们学校正在搞一项活动,要搞一个家庭教育微型课题研究简案,由家长带领孩子一起搞。你帮帮我呗。

怎么帮?

是这样的,学校给了二十个选题,我看来看去,对其中一个话题比较有兴趣,就是亲子审美能力提升策略研究。

妈呀,这么"高大上"?

这个还算容易的,其他的更难。

好吧，谁叫你们是最牛的高中呢。你要我怎么做？

今天我们不做什么，就聊聊什么是美呗！如果什么是美我都不知道，那我还如何去审美啊？

这个……这个嘛，我可没有什么研究。

孔子说："四十而不惑。"人家四十就不惑了，你都四十多了，虽不如孔子，但多少总有些自己的理解吧？

那好，今天我就谈谈自己的理解。记得读初中时，你的中考模拟题里，有这么一套选择题，就是美字最初的含义是什么。A，指羊大为美；B，指戴头饰站立的人。结果给出的标准答案是什么？

B。戴头饰站立的人。

也不知这个出题人的自信心来自何处？其实在我看来，还真不好说。

标准答案也有错？

标准答案，在人文学科领域，这个提法本身就有问题。仓颉，这个人你一定听说过。

**嗯，给我们造字的。**

据说是黄帝时代的人。我们姑且相信有这么个人。但造字这东西，我想肯定不是一晚两晚的事，应该是上千年的事。从图画开始，就像你们小学时的看图说话。几幅画一拼凑，就可以表达一个意思。把画逐渐简化，就成了甲骨文之前的文字。所以我想，就算历史上真有仓颉这个人，这个人也应该只是最早文字的集大成者。那些字根本不可能是他一个人造出来的。他可能只是将各个部落的文字统一化，规范化，简洁化。既然一个人能将各部落的文字规范化和统一化，则说明这个人当时正处在部落大合并的时代，也就是国家起源之时，而且他的身份也非常显赫高贵，要不然，他是没有必要，也没有能力做好这项工作的。为什么？如果不是部落大融合，文字也就没必要统一化。如果他没有高贵的身份，比如大王近臣什么的，他也做不好这项工作。就算做好了，大王不认可，他也没办法推广（据说仓颉是黄帝的史官）。

这个工作，后来秦始皇也做过，所谓"书同文，车同轨，人同伦"。什么意思？书同文，也就是在秦始皇之前，各国的文字其实仍然大有区别，所以秦始皇要进一步统一起来，当然具体的工作他不会去做，他只要下一道旨意即可。车同轨就是车子的两轮距离差不多，以方便修路，免得路修得太宽，浪费劳力，修得太窄，两个轮子又过不去。人同伦，就是伦理道德统一化；比如说，秦楚燕赵韩魏齐，在子女对父母的孝敬上，可能各有各的要求，各有各的做法，现在以秦为主，再博采众长，统一起来。

这能说明什么？

这说明两点。一是在还没有文字之前，人们就有了美的意识，就说这个"美"字吧，美虽然没有统一的标准，但什么是美的，每个人，每个部落，都有各自的标准。假如在仓颉之前，文字已经存在了的话，那么这个"美"字，一定会写得五花八门，凭什么只有戴头饰站立的人才是美的呀，穿芭蕉叶躺着人就不美吗？孔雀就不美吗？花朵就不美吗？树上的果实就不美吗？丰乳肥臀的女子就不美吗？如果那些部落以他们认定最美的事物为蓝图，造了一个"美"字，那么跟现在的"美"字一定一点都不像。暂时没有学者能解释为什么只有"戴着头饰站立的人才是美的"。但羊大为美，日本却有学者给出了答案，他认为"义、善、美"，这三个字最先都与祭祀有关。繁体的"义"字是上"羊"下"我"，指祭祀上一个人双肩扛羊献给神，这事为"义"；把祭祀用的羊装在盘子里，则为"善"；用大肥羊作为祭品，则为"美"。我们想想看，仓颉如果真是黄帝的一个史官，他若要把文字统一起来，很重要的字他必会官方化，假如以前的"美"字五花八门，难以取舍，他很可能就根据自己的意思，重新造了一个。那么，还有比用一头大肥羊当作祭品更美好的事情吗？当然，这也不过是一种推论，真实的情况究竟是怎么样的，谁也搞不清。

老爸，我问你什么是美，你却把"美"字的来由向我解释半天，有什么用意吗？

我以为，正因为"美"字的来由都有争执，那么什么是美，就更加有分歧了。戴头饰站立的人为美，这是一种纯粹的感觉，属于精神层面。羊大为美，如果真是用来祭祀的大肥羊，那么这是从宗教方面来诠释的，既属于物质层面，也属于精神层面。如果按许慎《说文解字》里的说法，是因为大肥羊滋味甘鲜的话，那就属物质层面了。其实，从物质决定精神的角度来看，精神的，首先也是物质的。我们的审美意识，都是朝着有利于生存繁衍的方向发展的。

嗯？

就是什么样的事物、环境、氛围有利于生存和繁衍，那么这些事物、环境、氛围就是美的。

有什么依据？

就凭我四十多年来的所见所闻所思吧。

呵呵，这可不能作为科学依据。

我举个例子来说吧。如果我说，这个人的肌肤真美啊。

你的脑海里一定会出现好肌肤的样子来：瓷白、洁净、光滑、富有弹性。你的脑海里一定不会出现斑斓花朵的颜色来。因为如果肌肤的颜色像花朵一样斑斓，那就意味着不健康，而是意味着腐烂。腐烂的肌肤是不能叫美的。

同样，我们不可能说出这样的比喻来：这人的肌肤腐烂得像花儿一般美好。其一，腐烂不会用美好修饰，腐烂的东西不会用美好的事物类比。其二，烂肌肤虽然颜色如花，但实质不同。这样比喻完全背离了人们审美的统一性。其三，反过来，人们也不会说这朵花美得像糜烂的肌肤。

好了，这么说，肌肤健康的样子，我们将它定义为美。相反，我们会把肌肤腐烂衰败的样子定义为丑。我们会把苹果在最好吃的时候定义为最美，把苹果霉烂变质的时候定义为丑的，恶心的。

**嗯，似乎有些道理。那么花呢？花有什么实用价值？**

绝大多数花的终极目的是结果，绝大多数果子是可以食用的。花，又是植物的生殖器。人类曾经有过生殖器崇拜的习俗。为什么？因为没这个东西，人类就无法繁衍，所以在上古时期，生殖器被推到图腾的位置上去了。所以，盛开的花朵是美丽的，这几乎是人类的共识。

但是，也有一些花朵是丑恶的，比如说食人花。它虽然不能食人，但能吃掉一些小昆虫，并且对人类毫无用处，又会发出恶臭无比的气味来，所以它被人类定义为丑的。如果你不知道那就是食人花，也许你会欢呼雀跃地跑向它，但闻到了它的恶臭，再加上当地人骇人听闻的描述，你立刻避之唯恐不及。它鲜艳的颜色一下子就从美的变成了丑的，从纯善和谐的，变成了恐怖邪恶的。这就是人类变色龙似的审美。

嗯……我想想，我要找个例子，反驳你这个观点才是。

哈哈，我说过，我认为人文学科的结论，是容许有特例的，并且容许有很多特例。人文学科的结论是针对大多数的，其实都不需要你举出特例来，我向你陈述我观点的同时，我自己脑海里就涌现了许多特例。

嘻嘻，那你说一个给我听听？

社会发展到后现代……

停，什么是后现代？

后现代是相对于现代而言。现代是指工业社会。工业社会出现后，人类一直在唱它的赞歌。因为工业社会给人类带来的好处实在多不胜数，人类不唱赞歌才怪。可工业社会发展到后来，人类发现，它带给人类的坏处也不少。这时就有很多精英人物著书反思工业社会，于是就进入了后现代社会。后现代社会有两个较为明显的特征，一是工业文明似乎有脱缰的迹象，再是对工业文明的反思已成为一种小潮流。

**我明白了，你可以接着讲你的特例了。**

我刚才讲的，正是特例产生的时代背景。正是在反思或反对工业文明的过程中，一大批与传统审美情趣完全相反的文艺家脱颖而出。特别是在油画领域，好些油画家就喜欢画一些乱糟糟、脏兮兮"腐烂霉变"的东西，并且从这些东西中找到心灵的慰藉。这真是要命，因为他们的审美趣味，对于普通民众来说，不啻一场灾难。

可他们已被媒体抬到了所谓"精英"的位置，你不喜欢，还不好意思实说，怕说出来遭嘲笑。你只好缄默。更老实一点的，会勇敢承认自己看不懂。但总有一些打死也不承认看不懂的人，冒着极大的风险，对那些油画品头论足。如果这时你问画家本人：他的解读正确吗？画家多半会顾左右而言他："仁者见仁，智者见智。"心里也许会说："胡说八道，跟我的画风马牛不相及。"

**哈哈，你说说看，他们都叫什么名字。**

我说了他们的名字你也不知道，不如不说。我只告诉你，有这么一个作家，写文章，有时不按常理出牌，文字常常挺邪乎的。

**怎么邪乎了？**

他有一个小说，是写一个刽子手的生涯。其中有很大篇幅，写刽子手是如何陶醉在自己精湛的技艺中的。

陶醉？技艺？

是啊，中国古代的死刑有很多种，不单单是绞刑、杀头，还有五马分尸、凌迟等等。其中凌迟是一项挺绝的技术活，它规定要从犯人身上剔下几千片肉，而且，在没剔完之前是不能让犯人死掉的。

啊？这也太恐怖了吧？

是啊，我每次见到"凌迟"两字都会起鸡皮疙瘩，那情景只要想一下，就会毛骨悚然。可就是这活儿，这个作家居然以刽子手的心态，把它当作艺术来审美了，陶醉其中。对了，我突然想起，还不止一个作家这样写过。

按说，刽子手也是经过道德熏陶的，凌迟时他不会那么"享受"吧？在同类身上动刀子，割得血肉淋漓的，有什么好陶醉的？有什么好扬扬得意的？

是啊，这也是我不明白的地方。问题是，判处凌迟时，一般都有老百姓围观。这百千刀，一刀一刀地割，那该要多长时间？累不累啊？可据记载，只要碰上这事，老百姓往往围得里三层外三层，水泄不通啊。

真够变态的。难怪鲁迅会骂中国看客。刀子不是下在自己身上,估计跟现在看恐怖片差不多?但恐怖片毕竟是假的,而那可是真刀真人哪。

是啊。所以,细细想来,人类既然有审美的需要,是不是也有审丑的需要?审恶的需要呢?

为什么会这样?

可能是物极必反的缘故吧?你想想看,文明一直朝着人类集体利益最大化的方向发展,它一遍又一遍地锤炼、规范着人类的心灵。可并不是每一颗心灵都能做到"文明虐我千万遍,我待文明如初恋",也许有些心灵起了反叛之心,也许它会认为生存和繁衍并不是什么了不得的大事,甚至毫无意义可言。它来世一遭,纯属偶然,只想尽可能地丰富一下自己的体验。如果抱着这个目的,保不准它审完美后,又去审丑审恶了。或者说,大多数人认为是丑恶的东西,在他们那儿,反倒成了美的了。

这么说来,我们要找的特例,都担不起一个"特"字了,因为它已经够多的了。

是啊。并不是所有人都愿意朝着人类集体利益最大化的方向发展。"在我死后,哪管洪水滔天",这还是法国一个皇帝说的话呢。在文明的发展过程中,总有一些力量是朝着反文明的方向去的。如果把人类的福祉当作一驾马车，那么文明就像一对父母，是主要的驾车手。而周边总有一些"熊娃子"在帮倒忙。有时反文明的力量甚至会比文明的力量更大。不过，如果他们那些人真赢了，那么他们也许就代表文明的方向吧？因为人类集体利益最大化的方向，究竟是一个什么方向，也没有一个人说得清，也没有一个组织或集团看得明，也没有被谁证明了。

**你说得真可怕啊！历史上有这样的事发生吗？**

有啊，并且很多。比如说，蒙古族入主中原，满族入主中原，它就改变了中华文明的方向。虽然后来的学者论证，虽然方向改变了，但也不至于从此就分道扬镳，而是兜了一大圈，又回到了原来的方向。但是，谁敢肯定，如果没有蒙古族和满族，中华文明就是现在的模样呢？还有就是像希特勒的屠杀，都是在开文明的倒车，最后都没成功。

**希特勒的屠杀的确是开历史和文明的倒车，我能理解。**

嗯，回头我们还是来说说什么是美，我们的审美观是如何形成的。前面我说，在文字出现之前，人类早知道美和审美了。其实，在人类出现之前，某些动物也早就知道美和审美了。

**啊？动物不是没有心灵吗？它们也能审美？**

说是没有心灵，但好些动物都可以表达自己的喜怒哀乐，如果说心灵是一棵大树，那么，那些可以表达自己喜怒哀乐的动物，至少有一颗心灵的种子吧？不同的是，它们的这颗种子不能在进化中萌芽。所以动物的审美更多的是一种潜意识，是一种生物性表现，一种自然属性，而不是社会属性。就是说，它们不知道自己是在审美，只知道那件东西那些颜色，让自己感到兴奋，所谓"雀跃不已"是也。

比如说，某些大型鸟类，锦鸡什么的，雄锦鸡就是靠自己一身靓丽的羽毛去吸引雌锦鸡的。每到求偶季，雄锦鸡在雌锦鸡面前搔首弄姿，又是抖脚，又是展翅的，就是为了把自己色彩斑斓、油光滑亮的羽毛好好展现一番，以求得雌锦鸡的青睐。而雄锦鸡做这一切，未必知道它是在展示一种美，它所做的一切甚至都不是它的独创，而是出于一种遗传本能。雌锦鸡挑选夫婿，也未必是要把"最美"挑出来，而是拥有油光滑亮羽毛的锦鸡，往往拥有最强健的体魄。雌锦鸡的潜意识只是在选择最佳遗传基因，而不是在挑最美夫婿。

**这么说来，也不能说明它们知道美和审美。**

嗯，确实。可也不能断定它们不知道美和审美。我上回推荐你看一本名为《自私的基因》的书，不知你看了没有。你看了就会发现，基因是个狡猾的家伙。在进化的过程中，当雌锦鸡的基因以为越有靓丽羽毛的雄性便越强壮时，雄锦鸡的基因在进化的过程中就会投机取巧，一味朝着羽毛靓丽的方向发展，而置与之相匹配的健壮体格于不顾。到最后，那些空有一身花衣裳的"美男"，往往并非雄性中最健壮的。这时，雌锦鸡的基因在进化的过程中，又会调整自己的择婿观念，那时它们未必会那么看重羽毛的华美，它们也许会把其他因素也考虑进来。

但也有一些物种，一根筋拗到底，将"美丽"作为择偶的唯一标准。比如说孔雀。雌孔雀只爱开起屏来风情万种的雄孔雀，至于雄孔雀是不是最健壮的，反而并没有那么在乎了。这一根筋拗到底的择婿标准，把本想投机取巧的雄孔雀可害苦了，"楚王好细腰，宫中多饿死"。在漫长的进化道路上，雄孔雀只能朝着尾巴又长又美的方向前进，把该输送给双腿和翅膀的能量，全都供给那美得一塌糊涂的尾巴了，呵呵，要知道，开屏也是一件力气活呢。结果好了，雄孔雀最后都进化成多灾多病的林妹妹了。在密林之中，一旦遇上天敌，拖着一条又笨又长的尾巴逃跑，飞又飞不起，跑又跑不动，那是必死无疑呀。这种基因审美的偏差，导致孔雀竟成了珍稀物种，如果不是人工豢养，估计早就死光了。

*呵呵，楚王好细腰，宫中多饿死。这诗引用得实在太妙，相映成趣呀。虽说你这里是借此诗来讥讽孔雀，但这*

诗如果用来形容人类的审美偏差，只怕更好！动物界的审美，毕竟有基因在那里精明地计算，出不了太多的错例，而人类的审美，全凭一己好恶，出错的事例估计更多。只要这个人位高权重，一旦他的审美出现了问题，那绝对是人类的灾难呀。"楚王好细腰，宫中多饿死"就是对这种灾难最佳的描述。估计演绎到后来，只怕是民间也多饿死。对了，上回说的缠足最初不是说起源于李煜的一个妃子吗？撇开男权的利用，单从审美的角度看，不就是一次为祸最深的审美偏差吗？

没错没错。比如说后来的束胸带、高跟鞋，都是审美出现了偏差。因为这些审美行为都对女性身体不利，对人类繁衍不利，所以都是有问题的。

哎呀，看来这个"人类集体利益最大化"说起来容易，但究竟怎样才是最大化，它的发展方向在哪里，还真不好掌握呀。稍微不注意，行行业业都会出现偏差。科技会，宗教也会，现在连审美都会。而且偏差一出，就会给人类带来大灾难。动物界还好只是孔雀吧？

也不只是孔雀。据我所知，梅花鹿也是其一。雄鹿那一头花哨的犄角，据说也是雌鹿审美偏差的结果。雄鹿顶着一头铁戈银钩似的犄角，看起来是挺美丽，挺威风的，可并不是越复杂的犄角，就越强壮，越有实力。一旦遇上天敌，逃跑也极不方便，这一头犄角说不定就被某根荆棘给绊住了，无论怎么横冲直撞，就是出不去，只等着天敌来收拾了。

哈哈，我以前只以为姣美的容颜会"害死"人，现在才知道生物的偏好也会"害死"人。如果哪天孔雀和梅花鹿绝种了，那么雌孔雀和雌梅花鹿绝对要为它们病态的审美，负绝对的责任。

哈哈，正是正是。

呵，我们的审美审到哪里来了，我头脑里好像有了一些大致的了解。

那你说说看？

我还是说不好，你不妨总结一下给我听听？

好吧，那我说说。美是从实用开始的。从生存和繁衍出发，基因甚至都有审美意识。很多时候，基因要从美中辨识强健，当然，那只是一种"伪审美"。真正的审美是从人类拥有心灵开始的。这一点，我们在讨论艺术产生的原因时，就已经提到过。从某种意义上说，艺术的产生，就是人类有意识地选择美、搭配美和制造美。比如说，我们有意识地在庭前院后栽满开花的树，就是选择美。我们将各种花草混合插在瓶中，就是搭配美。我们按照内心的图景绘画,这是自然界原先没有的,就是制造美。

什么是美的?什么是最美的?群体有群体的标准,个人有个人的标准。站在人类的高度看,凡有利于人类集体利益最大化的事物和行为,就是美的。但对个人来说,最需要的东西,往往是最美的。将一个画家饿六天,如果他还认为自己的画是最美的,那么将他再饿一天,饿得他只剩一口气,这时塞给他一只红薯,那么这会儿红薯在他眼中就是最美的东西了。

当物质丰富起来,文明大踏步地向前迈进,心灵越来越跟不上文明的步伐,时不时就会被新制度、新规则、新科技、新生活方式所伤害,这时的审美,就有了新的变化。那些能抚慰、治疗、修补、取悦心灵的东西和行为,也被看作是一种美。因为分工的不同,人类心灵的伤病各有各的不同,美和审美跟着变得异常复杂。自工业文明以后,什么是美,如何审美,人类不再朝着统一的方向努力了,因为已经不可能统一了。那些妄想统一审美趣味的人一旦成功,人类必会陷入巨大的灾难中。

不能统一的审美,只能朝着和谐的方向发展。那么,什么叫作审美的和谐?在我看来,就是在什么样的位置,干什么样的工作,就以什么样的审美为主。审乱了,就是不和谐的因素。

比如我自己,曾经做了十几年警察,却以文学为最美。对个人,对社会,都不那么和谐。所以我更换了工作,到了文学院。这时迷醉文学,才算得上是审美的和谐。我是个小人物,审美错了,最多是耽误个人工作,也不会造成什么大祸。但皇帝的审美出了问题，老百姓就会遭大殃。历史上曾经有三个皇帝不是以政治和权力作为首要的审美对象，而是将艺术作为首要的审美对象，结果弄得国破人亡。一个是南唐后主李煜，他以诗词作为首要审美对象，成了超一流的词人。一个是宋徽宗，他以书画作为首要审美对象，自创一个书法流派：瘦金体。还有一个是明熹宗朱由校，他以木工作为首要审美对象，小到雕花床，大到宫殿，就没有他不会设计、不会制造的。李煜，把大好江山断送在自己手中。宋徽宗，把大好江山断送在他和他儿子手中。朱由校带着魏忠贤，把明朝江山折腾得奄奄一息，让他的弟弟朱由检无论怎么努力，都收拾不了残局，结果只十多年就彻底玩完了。

**我算是大致明白了。**

我算是说清楚了？我觉得任何表述，都是挂一漏万式的，而已经表述出来的，也是不准确的。说话的人想要表达的东西，可能与听话人所理解的东西，有着很大的偏差，甚至牛头不对马嘴。

**呵呵，我能听懂多少就是多少吧。**

只能这样了。我要补充说的是，审美偏差和审美紊乱，有交叉的地方，但不能算作同一回事。审美偏差是或过，或不及，但大致方向可能是对的。而审美紊乱可能跟以前的方向完全相反。蜜蜂认为鲜花是最美的，屎壳郎认为牛粪是最美的，这不足为奇。假如有一天，蜜蜂认为牛粪是最美的，屎壳郎认为鲜花是最美的，那就是审美紊乱了。人类集体利益最大化，是审美的主要方向。但什么是人类集体利益最大化，却没有人说得清楚。现在朝着工业文明和科技文明的方向发展被认为是人类集体利益最大化的方向，人类也确实在工业和科技文明中捞了不少好处。问题是，这也许是短暂利益，暗地里，也许埋下了长久的祸根。所以，到后现代，有一大批的艺术家和思想家出现了审美紊乱，以前那些恶的丑的不好的东西，被纷纷翻出来审美了，而那些被认为是善的好的美的东西，却被无情地解构了。

**这究竟是好事，还是坏事？**

　　我是这么想的：审美的反思，其实就是思想的反思。就历史经验而言，单一化的东西总令人生疑。世界就应该像个庞杂的雨林，万物虽有竞争，个体虽有死亡，但总体来说，是生机勃勃、欣欣向荣的。如果单一化了，一闹天灾，很可能全部"死翘翘"。所以，审美紊乱也未见得是件坏事。
　　工业文明对心灵的伤害已经够重够久的了，心灵这时出现审美紊乱也是一件挺正常的事情。或许这种紊乱会稍稍阻碍文明的脚步，但至少也给了人类足够的警惕：在人类发展的道路上，我们是不是得留一手？就像美国灾难片《2012》在珠穆朗玛峰上造方舟一样，我们是否也得在地球的某个角落，划出几块地来，搞几个试验区，寻找文明发展的其他途径，寻找人类集体利益最大化的其他方向？

呵呵，好伟大的构想。看来全球化的步伐还是慢一些的好。

嗯。今天我情绪不高，吃早饭的时候与几个作家就人类文明的诞生起了争执。我发现，一个人要完整地把自己的思绪表达出来，好难呀。而且，头脑中如果先有了执念，要耐心细致地听完别人的表述，也好难啊。以后，你尽量不要跟别人争论什么，那样是争不出一个高下来的，也是争不出一个结果来的。很多时候，我们争论的只是事物的两个面。那两个面也许是平行的，并不构成交锋，但我们吵吵闹闹，唇枪舌剑，仿佛真的非此即彼似的。

那我们这两年来的交谈呢？

我也怀疑它的作用啊。你能从中获益吗？

我觉得收获挺大的啊。如果说以前世界在我眼前的能见度只有百分之二十，现在我不说是万里无云，纤尘不染，但至少有了一些模糊的轮廓了。再怎么说，也有百分之六七十的清晰度了吧。就是说，我对世界的认识至少能及格了。

嗯，你这么说，我的心也就稍微安稳了一点。我们这不算争论，而是在探讨。我们一个为主，有教的成分；一个为辅，有受的成分。所以稍微能深入一些。以后，你有疑问，就向那些你佩服的人请教吧，这样才有可能获益。建议别与你差不多的人，或者比你见识还差的人争论，那样毫无益处可言。

嗯。老爸，我知道啦。争执是为胜负，探讨是为真知。"只与同好争高下，不与傻瓜论短长。"我新近学会的一句话。

对对，太对了。

那么，关于美，我们就到这里了？

好吧，我头脑中好像还有一些东西要表述，可一时半会儿却想不起来了，等以后有机会再说吧。我们现在讨论的审美，还是比较感性的，等你长大想了解更多，你可以多看看这方面的书。到时也可以比较一下，那些所谓的科学论述，与老爸的感性臆断，究竟哪一种更让你信服。兼听则明，偏信则暗，做学问要有比较才有乐趣。也要有自己的想法才好，不要动不动就问，证据呢？出处呢？仿佛没有证据和出处，我们就不要活了。那些对每一个概念，每一个理论，都要看出处的人，一般是书读多了，把自己弄傻了。他们常常连最起码的常识判断都没有，非要依靠书本，才能做出判断：嗯，书上的确说过，花朵是美丽的。

我们的交谈，虽说每次都以一个话题为主，但也可以互相补充。关于美是什么，其实我们以前也有过讨论，你可以互相印证。下回老爸干脆把我们的谈话做成一本书印出来。

哇！这个想法太好了。好激动啊。

你激动个啥？

这本书我应该也有署名权啊，你说我能不激动吗？只是，你还记得啊？

你没留意吗？我们每次类似的谈话，我都录音了啊。

哈哈，还是老爸机智！

# 聊聊死亡这件事

老爸，你怕死吗？

怎么突然问起这个？

怎么能说是突然？你也知道，前些日子，我的一个初中同学，好好的，突然就死了。真是太可怕了。

呃，吓着了？

人为什么要死啊？既然出生了，有了意识，不要死才好呢。

看样子你真是吓着了。

**说死就死了，你说他以前的奋斗和努力还有什么意义呀？如果真有什么神在掌管人的生命，我真想问一句，这么无情他妈知道吗？**

呵呵，好吧，儿子，今天我们就聊聊死亡这件事吧。

**我只想知道，你怕死吗？**

我怕过，但现在不怕了。

**不怕了？假如明天就要面临死亡，你也不怕？**

这个跟不怕死好像有点不同吧？不怕死，是不怕未来那个还不确定日期的宿命。如果确定明天就要死亡，说不怕，那显然是假的。

**这有区别吗？**

当然有。问一个人怕不怕死，其实是问他能不能接受生命大限这回事。就是说，他不惧于未来的某一天离开这个世界。可如果知道自己明天就要死了，那么这不单纯是怕不怕死的问题，还有由死亡带来的一系列问题，比如说他一系列未了的心愿。还有，死亡的过程和细节，是不是很惨烈，很痛苦，很可怕？

我明白了，你不怕油尽灯枯、寿终正寝，但怕死亡像程咬金一样，从半路杀出来。

晕，你要这么说，我也无语。

其实，我现在一提起"死亡"这个字眼，心脏就受不了，这几天还好，前几天，老做噩梦。说实话，如果不是那同学突然死了，我的意识里根本没有"死亡"这个字眼。大好江山，花花世界，我还没施展拳脚呢。生命或许有尽头，但就像宇宙有尽头一样，那管我什么事呢？可现在不一样了，现在死亡居然离得这么近，这么近，天哪，那同学那时天天跟我追逐打闹呢，太可怕了。老爸，说说看，你是怎么从怕到不怕的？

这个过程，说起来也挺有意思的。先是不怕，然后是怕，再然后又是不怕。如果你看过我的散文《活多久才可以接受死》《该轮谁离去了》，那么就会清楚地知道我对于死亡的认识。

我懒得去看了，你现在给我说说嘛。

《活多久才可以接受死》，是写一个人对棺材的印象。那时村庄里的老人早早就把棺材置办好了，就放在堂屋里。小时候懵懂，知道那东西与死亡有关，却不清楚具体是怎么用的。所以捉迷藏时，胆子大的伙伴，经常会往棺材里躲，把父母吓得魂飞魄散，大骂不止。可父母越骂，顽皮的小孩为了显示自己的勇敢，就越要往里面躲。等到了中学，亲眼见到几桩非正常死亡，发现生命如此脆弱，突然就对死亡怕得不成。童年看惯了的棺材，一下子变得恐怖狰狞起来，连正眼都不敢看一下，仿佛死神就藏在里面。每次经过老堂屋，都心惊肉跳的。几具棺材在里面摆着，整个堂屋都弥漫着一种阴森的气氛。

**呵呵，这种气氛，童年时不曾觉察，对不对？**

是的。

**是因为童年时不曾见过死亡？**

好像也不是。童年时也遇到过死亡。再说了，就算不曾见过人的死亡，兽类的死亡，也是年年见啊。记忆最深的就是腊月底杀猪，那么一个庞然大物，几个人将它按在凳子上，一把雪亮的长刀，从柔软的脖子捅进去，哀鸣声惊心动魄，鲜血呼啸而出。那场景，都刻在脑海了，抹都抹不掉。但童年时就不觉得有什么不对。到少年时，这种血腥的场面，居然也不敢看了，见到杀猪杀狗杀鸡，就躲开。

**这就奇怪了。**

我估计有以下几方面的原因吧。

其一，有了人文意识，有了悲悯心，开始畏惧死亡。这应该跟知识的积累有关吧。我估计愚昧的莽夫，对死亡的畏惧，一般比有知识的人要晚一些。其二，随着第二性征的发育，让人有了更多的挂念，觉得要与心中的那个人相守到永生才好，所以惧死。其三，童年懵懂，以为人是从各种奇怪的地方蹦出来的，每个人都是独立的，单一的。尽管与父母很亲昵，但也不太清楚血脉关系究竟是一种什么关系。到少年时，生命的来龙去脉，都知道得清清楚楚了。人不是单一的个体，有来处，也有去处，就像一根藤上无数的葫芦。懂得了这些，心里的挂碍就更多了，对死亡也就有了新的看法。其四，少年时蓬勃旺盛的生命力与死亡形成了一对巨大的矛盾体，算是本能的恐惧吧？

**你说的这些都没有科学依据吧？不过，我也没兴趣再做更深的探讨了。我只想知道，为什么后来你又突然不害怕死亡了？**

我也不知道。大约是因为生命开始衰败了吧？我在三十岁的时候，写了一系列关于死亡的文章，那组文章曾受到过文坛的广泛关注。主题就是如何坦然接受死亡，走向死亡。

**三十岁？这么早？**

是啊。那时骑摩托车上班，患了很重的风湿，爬个楼梯都感到吃力，生命一下子就枯萎了似的。刚好那时你已出生，我觉得繁衍大计也完成了，在家族的生命藤上，我已把繁衍的接力棒成功地传到了你手上，就有了一身轻的感觉。

呵呵，老爸，你太不负责了吧，我那时才多大，一个小不点点，你就说完成任务了？再怎么着，你也得等我的孩子出生，并帮我把孩子带大，你才敢说完成任务了吧。

为什么？

为什么？爷爷奶奶帮你把儿子带到这么大，还没说完成任务，你不把我孩子带大，你就欠着亲情债呢。

晕，看看这逻辑。

呵，开玩笑的。按说，人一感到衰老，更害怕死亡才是啊。

不会的。对我而言，衰老的其实不是膝盖，而是全身心。以前总以为把拳头一伸，就可以把天捅个窟窿。到了三十岁，没有那些热血澎湃的想法了，只想着安安妥妥度过余生，对一切新鲜的事物也没有多少好奇心了。对世界的贪欲一小下来，生命的旨趣也就没那么吸引人了。

> 你这么说，我似乎明白了一些什么，不惧怕死亡，可能也跟对世界的厌倦有关吧？

没错。人到了一定岁数，纷纷攘攘的世事也基本上看明白了，什么理想呀，奋斗呀，野心呀，内心想起这些字眼，没有年轻时那么激动了。我们为之努力了多少光阴的"胜利之果"，带给自己的荣耀和舒畅，其实也是挺有限的。正如法布尔《昆虫记》里说的蝉一样，在黑暗里潜伏了好些年，只是为了一个盛夏的歌唱。既然这样，还不如好好经营自己的小日子，"列土封疆"的大事就由他人去完成好了。或许对他人来说，"列土封疆"的过程本身就充满了无穷的乐趣，但我感受不到。我怕其中的纠葛、阴险、艰难和惊悚。当我的欲念不再朝前，而是转身向后时，一切世事似乎都了然于心，这样不免就会心生厌倦，所谓"日光之下，再无新鲜事"。这时对"离去"这个词也就没有那么重的焦虑感了。就像一个人旅游，在凤凰玩累了，就想换一个地方去玩。在这个世界玩倦了，换一个世界去玩玩也好。当然，理智告诉我们，没有另一个世界了。但在我们的文化意识中，模模糊糊，总是有一个彼生存在。

> 哎，这么一说，我都不知道是否要希望厌倦之心尽快到来。

为什么啊？

聊聊死亡这件事

因为厌倦了，就不会害怕死亡啊。

傻不傻呀？惧怕死亡有什么不好？惧怕是正常的，不惧怕只能说明这个人离死亡越来越近了。因为惧怕死亡，我们才会只争朝夕，尽量丰富生命，扩充生命的容量，扩大生命的广度和深度，尽量让生命变得摇曳多姿，熠熠生辉。

你刚才还说自己已感觉不到"列土封疆"的乐趣了。

我是感觉不到了，那只能说明我衰老了。但我并不希望你也感觉不到呀。如果在追求的过程中，你一直有快乐而积极的心态，那为什么不一路到底地追求下去呢？

哎，我们的青春都被你们的应试教育搞得支离破碎，苦不堪言，哪还有什么快乐而积极的心态？说不定某个早晨一醒来，我也就有了厌倦之心……妈呀，在网上常会看到学生自杀事件，看样子他们都是厌倦生活在这个世上了呀。

你别吓老爸，好不？应试教育的利与弊，我们以前聊天时，就跟你讲得清清楚楚了。儿子，你就当它是一个游戏好了，打了高分当然是好，可以在同学面前嘚瑟一番，可打了低分也不必痛苦，只说明你这一阵子有些松懈，不代表你的智商出什么问题了。但青春期正是你人生打基础的时候，未来是否丰富多彩，就全看青春期带了多少问题上路……

**打住。带了多少问题上路？什么意思？**

一个懵懂之人，对世界是没有问题的。在他看来，世界是这样的或者是那样的，没有区别。他活着就是为了继续活着。什么意思？就是说，他活着的最大动力就是为了攒下一份可以继续活下去的生存资源。这是最简单的活法。而对于一个层次稍高的人来说，如何活下来应该不在他的考虑范畴之内，活成什么样子，才是他考虑的重点。他要按照自己的喜欢，遵循自己的内心，选一条最让自己满意的路去走。或者干脆这条路走得顺风顺水了，他就再换另一条路去尝试，不为别的，只为丰富人生。而就在他享受探索世界奥秘的过程中，那些生存资源也自然而然地朝他蜂拥而来。换句话说，生存资源只是他探索世界奥秘时的副产品。

少年时我们的学习，其实不单是为了弄清楚世界是怎么回事，更多的是为了弄清世界究竟还有多少不知道的东西。正因为知道了世界还有很多奥秘存在，我们才有探索的好奇心和急迫性。所以我说，带着问题上路。

**我明白了。正如爱因斯坦所说：人的知识好比一个圆圈，圆圈内是已知的，圆圈外是未知的。你知道的越多，圆圈就越大。圆圈一大，你能感受到未知的东西就越多。**

没错。不过这话最先好像是古希腊哲学家芝诺说的。不管是谁说的，你理解得非常正确。少年时的学习，其实不是为了让你懂得多少，因为你知道的这些都很浅显，对文明的拓展没多大帮助。少年时的学习更多的是为了让你知道自己还有很多不知道的东西。

妈呀，我们这么辛苦了，原来还不为了懂得，而是为了不懂得，学习如何把自己搞糊涂啊？

呵呵，人生识字"糊涂"始，万里长征才走完第一步呢。

老爸，今天的聊天，我颇有触动。以前若是某门功课打了一百分，心里那个得意呀，仿佛全世界都呈现在自己面前了，没有什么不明白的。现在想来，那算什么呢。无非是弄清了指定范围内的几套题目而已，同类型的题目老师已讲解了很多次，自己也演算过很多次。

呵呵，你明白了这个，说明你心中的世界大了。

嗯，如果把我们的学习看作是一种享受，而不是为了某种目的的受苦受难，我也能接受那同学的死亡了。

是啊，他虽然年纪轻轻就走了，但他并不是还没有开花结果就死了。只要他曾活过，每天有每天的花，每天有每天的果。他享受了十多年的生命，尽管太少，但也不是一无所有，对不？

老爸，听你这么说，我的眼泪都要流出来了。希望他的父母也像你这么想，而不是像刚才我想的那样。人生并非前半段开花，后半段结果。你说得多好啊，每天有每天的花，每天有每天的果。我们活着一天，就是在享受一天的生命，享受一天对世界的认知。

唉，可要他的父母也这么想，太难了啊。花季年华的陨落是最令人伤心的。他父母这一生能否从丧子的阴影里走出来，真的很难说。

这又是怎么回事？

因为人的情感是最复杂的。老爸刚才说的，只是从理性的方面来分析。可如果他的父母不这么看呢？如果他父母也认为他苦苦学习了这么多年，最终却无任何结果呢？

还有，我以前已经跟你聊过，人身上既有生物属性，又有社会属性。而生物属性又受控于基因。在生物学家看来，人的肉身只是基因的载体，我们真正的主人是基因，而不是头脑中的意识，也不是所谓的心灵。而基因是以繁衍（基因复制）为第一目的。这就是说，当基因（新生命）消耗了大量生存资源，却在还没有繁衍之前就死掉了，那是最让人伤心的。

我有点没听明白。

简单地说，就是越迟或越早死亡，相对来讲，亲人的伤痛就会越少。迟死，算是寿终正寝，一个人老得再不能进行基因复制（繁衍），那这个人就变得可有可无了，他的离去，不会让亲人感到特别伤心。而如果一个生命刚一出生，就夭折了，也不会让亲人的伤心变得很持久。因为这个生命虽然还没有进行基因复制，但花在他身上的精力和成本，还只是十月怀胎，还没有更多的资源投入。假如是刚刚怀孕，投入的成本还只是一个精子和一个卵子，很多人甚至会不当一回事地打掉，心里的伤痛就更少了。而你的同学已被他父母养到这么大，耗费了大量的财力、物力、精力和时间，还有多少个日日夜夜的感情投入，眼看就可以结婚生子，复制基因了，这时突然没了，他父母当然是最痛的。

……原来我们的情感居然操纵在基因手中。

也不完全是这样的，只是一部分。

我知道，人还有社会属性嘛。但在情感上，好像生物属性更占主动，难怪以前看那些"抗日神剧"，父母抚摸自己牺牲的儿子恸哭，一般都会这么说："他都还没娶媳妇啊。"那时我就想，这台词真烂。他没有做的事还多着呢，为什么娶媳妇就那么重要？现在明白了，如果基因有意识的话，那他父母的基因意识，不是他没有享受到爱情，而是还没有生子，繁衍后代，进行基因复制。原来这句台词是身体内的基因写的啊。

所以，同样是丧子之痛，也各有分别。一般说来，还有基因复制能力的父母，他们的丧子之痛不如没有基因复制能力的父母。所以人生的三大不幸，就有"老年丧子"一说。这是因为自己不能复制基因了，而能够复制基因的儿子却突然没了，所以父母是最痛苦的。

那……但愿我同学的父母尽快生个小弟弟吧，那样就会减轻他们内心的痛楚，是不是？

嗯，希望是这样。

哎，看来这人类的情感，无论从哪个方面来说，都是挺世俗的，也挺物质的，也挺实用的。正所谓"没有无缘无故的爱，也没有无缘无故的恨"。关于死亡，我们已经说得差不多了吧？

唉，我也没有更多的思考了。有关这方面的哲学书，等你长得更大一些，可以自己去看看。

那我去做作业了？

嗯，我们这么一通瞎聊，是不是对你有点帮助？

应该有吧？我好像也没有那么惧怕死亡了。或者说，以前是怕得迷糊，不知自己究竟怕什么。现在怕得清晰，知道应该怕什么，不应该怕什么。

嗯，其实从无到有是一个偶然，从有到无却是一个必然。

怎么理解？

就是说，大到这个宇宙，大爆炸或许只是一个偶然，才形成了这个宇宙，而既然有了这个宇宙，那么它的毁灭却是必然的，只是时间的早晚问题。而人的产生也是一个偶然，你想想看，这个精子与那个卵子结合，是多么偶然。上万的精子争一个卵子，更多的时候是上万的精子，连一个卵子都没得争。我们的出生完全是一个偶然嘛。可一旦出生，我们的死亡却是注定了的。文学里常说，走向新生。其实哪有什么新生可走？人从一出生，就是走向死亡。时间嘀嗒嘀嗒，分秒向前，其实就是在计算我们离开这个世界的时间。所有的昨天都是我们死亡的一部分。对古代的人来说，七十岁就是古来稀了，对现代的人来说，就算能活一百岁，也是过一年少一年。所以死亡其实并不是一个短暂的瞬间，而是一个漫长的过程。而既然死亡每时每刻都与我们相伴，我们又惧怕它什么呢？用一句时髦的话来说，就是认真过好每一分每一秒，就无愧于那些消失的时光了。

嗯，老爸你说得太好了。现在我倒希望造物者能告诉我们的寿限，那样越是活得短的人，越会精打细算自己的时光，比如说我的那个同学，如果他知道自己只能活十多岁，他必定不会那么活着。

这话有些道理。但其实对于宇宙漫长的时光来说，一百岁与十多岁，又有多大的差别呢。任何人，按小沈阳的说法都是，眼睛一睁，生了；眼睛一闭，死了。懂得珍惜时间的人，不管能活多久，都应该有种紧迫感才对。你的那个同学，我也认识。我看他挺阳光活泼的。他与你们每个人都相处得很好，性格开朗热情。如果再让他选择一次，他也许还会选择与你们生活在一起呢。我觉得与你们在一起，他看起来挺快乐的，也挺幸福的。

也许吧。但若让我选择，我可能会选择环球旅行。

嗯，先姑且不论他家有无资金供他环球旅行，也不论一个环球旅行的人在临死前是不是想到你同学现在这样的生活，我们可以跳过这个问题到另一个问题去。因为从这个问题我们发现，其实人生除了不长之外，还挺狭窄的。

什么意思呢？

就是说，我们有个错觉，总以为活着的时候，整个世界都跟自己有关，更豪迈一点地说，整个世界都属于自己。但其实呢，人活着，就像在一条峡谷走路，峡谷外面天宽地阔，跟你半点关系都没有。现在信息发达了，你拥有了更多的信息来源，但天南地北的那些事情仍跟你没多大关系。并且，不管你知道多少，世界正在发生的事情总比你知道的要多得多。究竟多多少呢？我这么说吧，你知道的连九牛一毛都没有。

我明白你要说什么了。生命的长度已经被限死了，无论人们怎么延年益寿，能超过一百岁的，少之又少。就算能超过一百岁，又如何能超过两百岁？而且，一个人过了七十岁，后面的日子其实跟等死差不多，拥抱这个世界的力量越来越小，就像一根甘蔗嚼到尾部，一点甜汁都没有了。所以说，生命的长度大多数人都差不多，要想活得比别人久，拓展生命的宽度，才是真正的"延年益寿"。

比如说，一个人一辈子只有一个目标，成了一名天体物理学家。但如果他的同事，还有钢琴演奏家的称号，舞蹈家的称号，作家的称号，那么这个同事显然比他活得要长久一些。他的人生只在一个峡谷里行走，而他同事的人生同时在几条峡谷行走，或者说，是在一马平川上行走。如果以绳子来比喻，他的人生是一条单线，而人家的人生是双线甚至多线，把这么多的线捋直了，捋成单线，不就比唯独的一条单线要长得多吗？

没错没错，就是这样的。所以古人有秉烛夜游的说法，就是希望世人珍惜大好光阴。能够多体验一分，就尽量多体验一分。当然，也有贪多图快、囫囵吞枣与细嚼慢咽的区别。身体好、精力旺盛的人自然比身体差、病恹恹的人更有精力去体验这个世界。所以，对个体的人来说，也要讲究一个适度。

另外，还有天资的问题，要想更多地体验世界，还得考虑一个人的智商和情商。正是这种种原因，单线生活的人占了大多数，多线生活的人则少之又少。珍惜时光是必需的，但一味求数量而不重质量，折腾生命也是没有必要的。就比如谈恋爱，真要遇见一个能够让你心醉神迷的人，那么一个就可以了，又何必像狗熊掰玉米一样，掰一个，扔一个呢。

也有道理。看来人生的绳子不但要论长短，还得论质量，麻绳与锦绳，是不可同日而语的。粗粝的生活与精致的生活，因质量的不同，就算是同一长度，其人生的长度也是不同的。

正是。比如说，汉将霍去病，死时才二十四岁，人固有一死，或重于泰山，或轻于鸿毛，同样死于二十四岁的某些人，我们能说他们的生命长度是一样的吗？

老爸，你这么说，我突然想起了一个更好的比方。生命可能不应该论长短，而应该论面积的大小。那些活着只为了活着的人,他的内心世界或许只有巴掌那么大,而为精神活着的人,他的内心世界则可能有足球场那么大。所以,既能从事舞蹈又能从事写作的人,相当于在这里画了一个圆圈后,又到那里去画一个圆圈。而专门从事天体物理学的人,则是在同一个地方,不断扩大他的圆圈。那么究竟他们谁活得更丰富呢?不应该看他们有几个圆圈,而应该看所有圆圈的总面积。谁的总面积大,谁就活得更丰盈,更长久。你说对不?

太对了!正是这样的。

嗯,我似乎对死亡没那么恐惧了。要不,我们就聊到这?

我还得补充一下,不惧怕死亡,其实也跟尘世的变化有关。世界对小孩来说是陌生的,小孩会努力融入这个世界。世界对老人其实也是陌生的,老人却可能再没能力融入这个世界中去了,所以会慢慢失去对这个世界的眷恋感。

那么老人为什么会对这个世界感到陌生呢?一是因为人事。当熟悉的亲朋好友次第离开这个世界,而一茬一茬的晚辈又先后来到这个世界时,你就算想与他们交好,他们也不屑于搭理你,这时你就会有一种多余的感觉。

二是因为世事。科技时代,世事变化太快,新生事物层出不穷,当你觉得这个你可以不了解,那个你也可以不了解时,那要不了多久,整个世界你都可以不了解了。你甚至连一段新闻联播都会看不懂,你甚至会把美国的领导人说成是韩国的,或者是日本的。这时你自己都会把自己看成一个应该进历史博物馆的古董。

　　三是因为身体。我们已经聊过,时间流逝的过程,正是一个人的死亡过程。但其实流逝的不仅仅是时间,还有身体。在时间的河流中,你会逐渐发现,你有了白发,跑一小段路就会气喘吁吁,拥抱爱人的手臂逐渐失去力量,再不能与爱人缠绵嬉戏,然后是牙床松动,眼睛昏花,皮肤松弛,出现老年斑,这这那那的小毛病从不停断,病中呻吟的日子比开心快乐的时光要多得多。时光去了哪里?青春去了哪里?现在的身体为什么与记忆中的身体一点都不像了?对这具皮囊,你也就恋无可恋了。

　　哎,看来我是杞人忧天了,到最后,人们不是惧怕死亡的到来,而是渴望死亡的来临啊。

　　虽然不是所有人都这样,但至少绝大多数人是能够平静面对死亡的。尤其是我刚才说的那三种情况出现时,人们会把死亡当作一个熟透了的老友。

　　嗯,我对死亡的困扰完全解开了,下回我得与我们的同学好好聊聊,也开导开导他们。

# 情商
# 是
# 怎么回事

老爸，最近我说话，一不小心，就得罪人，好郁闷的。

我也郁闷呢。明明事情比别人做得多，可因为话说得没别人漂亮，性格没别人温和，结果好处都是别人得，我却没份。

想不到我们父子同病相怜啊。难怪这几天你在家一直不搭理我们，还以为你跟老妈置气呢。我说老爸，你不是一直以名士自许，不看重什么名利吗？你就别郁闷了。你一郁闷，整个家里的气氛好压抑的。不如知足常乐，也好让老妈和爷爷奶奶开心点。

你也算了吧，你是儿子，家里的核心人物，你一郁闷，每个人都担惊受怕。以后注意你说话的方式就可以了。要说的话，多在脑海里转一转，再出口。

嗯，最近我们同学都在说情商的事，他们说情商不高的人，容易得罪人。甚至得罪人了，自己还不知道。老爸，我觉得我情商不高。

你知道情商是什么吗？

不太知道。

那你怎么知道自己情商不高？

我不是说话常得罪人嘛。不过，很奇怪的是，上学期，我特意做了一套关于情商的题目，我的得分还不错啊！

呵呵。如果你这么大，话就可以说得八面玲珑，滴水不漏，让所有的人都听着舒服，那你就是一个人精了，情商绝对爆棚。你们这个年纪，正是被称作"愣头青"的年纪。什么是愣头青？就是说话办事，呆头呆脑，顾头不顾尾，让人恼不是，恨不是，啼笑皆非。不单是你说话得罪人，你们大多数人说话都得罪人呢。所以你也别懊恼，这也是成长的代价。你这个年纪，能够察觉自己说话得罪了人，甚至知道哪句话得罪了人，为什么会得罪人，就已经非常不错了。

更重要的是，你觉得是自己得罪了人，而没埋怨人家心胸狭隘，"丑人多作怪"，这表明你的情商还不算太差。至于你做的那套情商题，则有可能是瞎扯。年轻人没法面对真实的自己。而做情商题，得遵从自己的内心，一是一，二是二，不能看着哪项得分高就选哪项。那样做出来的分数是不准确的。年轻时，我也做了很多套情商题，分数也不差。但其实无论我做多少套题，我的情商都高不了。也正是这个原因，很多晋升的机会，都与我失之交臂。

种瓜得瓜，种豆得豆。这么说来，你不能单怪领导不重视你？

当然。任何果，都是有因的。而这个因会涉及很多方面，但归根结蒂，都是自己处理外部事物能力的问题。就是说，任何作用在自己身上的果，其媒引的花，都是由自己开放的。

那么，究竟什么是情商？老爸，趁着又放暑假了，我们聊聊这个问题可好？

行。是有必要给你说说情商的事情了。你的智商遗传了你妈的，没多大问题。在以后的生活中，需要动用智商解决的事情，估计你都能拿得下。可情商，包罗万象，比智商其实复杂多了。还有,其实生活中需要情商的时候比需要智商的时候多得多。可惜的是,整个中小学,社会只顾训练我们的智商,而把我们的情商几乎忽略了。

老爸,你还是没说情商是什么啊!

别急嘛。你这么大的时候,我以为情商就是指一个人的情感是否丰富。那时若有人说我情商不高,我肯定不服气。我觉得自己情感不但丰富,而且强烈。

哈,就是。要不也不会早恋了。

你别打断我嘛。

好好,你讲你讲。

后来又在很长一段时间,我以为情商就是为人处世的能力。情商高的人处处受欢迎,时时有掌声。反之,情商低的人处处受排挤,时时被打压。

现在呢?

现在我觉得情商的范畴非常广,包括情感、性格、意志、志向等等。我怎么跟你说呢。丰富的情感,是情商的基础。情感丰富的人,能够第一时间觉察社会的人情冷暖和世态炎凉。接受不同的信息，能够第一时间在心中产生不同的情感。推己及人，只要知道他人近段时间发生的事情，就会知道他最近的心情如何，也就知道了如何与他愉悦相处，而不会做出给和尚送梳子、给盲人送灯泡这样吃力不讨好的事情来。

但这只是情商的表面现象。情商的高低关键得看一个人性格的好坏，是带给人正能量多一些呢，还是带给人负能量多一些。通俗地讲，就是你能够在多大程度上容忍外界让你不爽。这种容忍还不是被迫的，强制的，而是心平气和的。就是说，能心平气和地做到委曲求全。这指的大概就是一个人的胸怀吧。

一个领导就必须要有胸怀，越大的领导胸怀就应该越宽阔。政治家的胸襟最宽广，昨天还打得死去活来，杀父之仇也有，夺妻之恨也有，今天为了共同的目标和利益，依然可以把盏言欢。

我觉得这不是胸怀，这是和稀泥。内心里没有原则和法度，没有正义感，自始至终，利益至上。

你这么说，也有道理。遍观现实生活中的人物，但凡被认为情商高的人，别人一般也不会把这样一些成语加在他们身上，比如疾恶如仇、大公无私、肝胆相照、一诺千金、胸无城府、刚正不阿、义薄云天、大义灭亲等等。因为怎么看，他们都与这些成语无关。可是，一般情商高的人，别人也不会把这样一些成语冠在他们身上，比如居心叵测、丧心病狂、狗仗人势、蛮横无理、荒淫无耻等等。因为情商高的人也不允许自己给人家这样的印象。

那么，情商高的人，给人的印象一般会跟哪些词挂钩呢？以德报怨、宽以待人、助人为乐、自强不息、奋发有为、讲信修睦、谦虚谨慎、虚怀若谷、三思而行、洁身自好、身体力行、克勤克俭、平易近人等等。我不知你发现其中的奥秘没有。

嗯？什么奥秘？

就是情商高的人，一般不会让那些贬义词和充满了负能量的词与自己挂钩，但也不会让一些特别极端、特别"高大上"的褒义词与自己挂钩。与他们挂钩的一般是些"性情温和"的褒义词。如果用水来形容他们的面貌，他们肯定不是清泉，因为他们懂得"水至清则无鱼"的道理。他们也不是充满恶臭的浊水，那种水会让万物不生，死寂一片。他们是能生春草，能育鱼虾，稍微有点浑浊的池塘水。

哎呀，老爸，你现在的表达能力似乎退步了不少？你就说他们是一群中庸的人，不就得了？

对对，还是你概括得准确，他们就是一群中庸的人。当然在这里，中庸不是贬义词，也不是褒义词，而是中性词。而且，我觉得，他们骨子里是中庸的，但他们的对外形象，却在中庸之上涂了一层较重的暖色调。中庸给人的印象是精于世故，高情商的人给人的印象也精于世故，但除了精于世故，人们似乎还相信，经他们处理过的事物会朝着良好的方向发展。

嗯。虽然你还是没有说透，但我能明白你在说什么。拿四大名著的人物来定义高情商，我觉得嘛，曹操、刘备、孙权、诸葛亮、宋江、晁盖、卢俊义、王熙凤、贾母、薛宝钗、袭人、唐僧等人的情商很高，关羽、周瑜、林冲、贾宝玉、妙玉、猪八戒、沙僧的情商次之。张飞、吕布、李逵、鲁智深、孙悟空、晴雯、林黛玉的情商就再次之了。

哈哈，你能这么划分，说明你真的知道情商是什么东西了，至少能够意会了。只是我想知道，你为什么觉得唐僧的情商会高于猪八戒？

按说嘛，唐僧呆头呆脑一根筋，猪八戒能说会道主意多，猪八戒的情商高于唐僧。但唐僧给人的形象还是比较正面的，他对孙悟空虽然不公，是非分辨的能力也不强，但他能得到方方面面的支持，能带领大家把真经取回来，这本身就是一种能力。情商高不高，到最后还得看事情办得圆不圆满吧？反观猪八戒，虽然小算盘打得很响，在这个四人小队中，他的人际关系也处理得最好。可他给人的形象比较猥琐，是一种稍微反面的形象。他是一种混日子的高情商，不是一种干事业的高情商。

说得太好了！他是一种混日子的高情商，不是一种干事业的高情商。所以情商高不高，还得看是否有清晰长远的目标，并且还得看是否坚持实现目标的持久动力。从这方面来说，三个徒弟，都不如师父唐僧。三个徒弟在很多时候，都流露出心智不成熟的地方，喜欢动不动就喊散伙。而唐僧无论遇到多大的困难，都没有放弃初衷。如果一个人的情商是一百分的话，那么这一项得占三十分以上。这也是一个人是否成熟的标志。

你这么一说，就说透了。其实在这之前，我真的不知道情商居然还包括志向和意志力。

哎，老爸也是最近才感悟到的。从本质上讲，情商就是一个人尽量用最友好的方式抵达自己目标的一种能力。自私自利是生物本性，如何在利己的过程中，尽量降低他人的损失，免去他人的怨恨之心，甚至与他人互惠互利，达成双赢的局面，这就是情商。

我以前以为情商就是指一种与人愉悦相处的能力，直到在社会上混了二十年，才知道高情商其实是指实现目标的一种能力。没有目标的人，情商再怎么高，都不会高到哪里去。没有目的，对他人没有任何附加条件地好，那不是高情商的人，那只能算是"烂好人"。这种好人当然不坏，这个"烂"是指好得不能再好了的意思。他们的心灵最为纯粹，是真正助人为乐的典范。现实生活中，这种人我们都可能会遇上，但我们不会把"情商高"三字与他们联系起来。

**难道做任何好事，都是为了达成某种目标，才是高情商？**

有目标不好吗？活在这个世上，每个人都有追求幸福的权利，而幸福感从何而来？就是一步一步接近目标，实现目标。很多坏人为达成目的，不择手段。而情商高的人，在实现自己目标时，会尽量规避对社会的损伤。而个人目标的达成，也会推动整个社会文明的进步，所谓涓流成海。

**其实也不一定吧。比如说，历代那些改朝换代的人物，毋庸置疑，都是高情商的人，但他们达成自己目标时，对社会的破坏力也是惊人的。**

你这么一说，倒叫我哑口无言。但总的来说，这些人在自己的文明圈内，给人的形象是正面的，充满了正能量，他身边几乎所有人都认为他会带领大家朝着美好的未来发展。他们的目标达成后，社会会进入一个较长时间的稳定期和繁荣期。在达成目标的过程中，他们的确将世界搅得天翻地覆。可就算没有他们，一般而言，那时的社会也已经腐败不堪了。天灾人祸，民生凋敝，道德沦丧，丑恶横行，世界注定要动荡不安。社会像长了一个恶疮，一个危及生命的恶疮，他们则充当了社会的剜疮人。他们的确剜掉了社会的一块肉，很多无辜的百姓会在他们挑起的战争中死去，但不能简单地把这些看作是对社会的破坏。长痛不如短痛。礼崩乐坏，没有雷霆霹雳的手段，也不能将社会重新引入正轨。

嗯，我明白了。我突然想，孔子是个高情商的人吗？

你为什么会想到他？

大教育家嘛，诗书礼乐，几乎全是教人如何为人处世的。按说孔子的那一套，都跟情商有关。教人家情商，就不知他自己情商如何。

那你觉得他是一个高情商的人吗？

我不肯定。他在世时，到处游说，却基本没有游说成功，几乎跟所有的诸侯都话不投机。一辈子没做过什么大官，即便做了，也做不长久，一直过着颠沛流离的生活。这么说，他的情商也不高啊。但他有门徒三千，而且贤者高达七十二人。自己做官不怎么成功，但他的很多弟子做官做得很成功，说明他的情商不错啊。

我认为孔子的情商还是挺不错的。他没钱没势没权，却能让这么多人追随他，单就这一点，情商不高的人是做不到的。春秋是乱世，他走南闯北，到处游说，还能保全性命，颐养天年，这也是情商不高的人所做不到的。比如说子路，最后就丧命乱世了。孔子的确没做过长久的官，那是因为他的政见与各诸侯不同。情商高的人也不是一味委曲求全，更应该在关键的时候，懂得审时度势，有所为，有所不为。

孔子在当时不算什么显贵之人，但现在回头再看，那个时代的人，再没有比他更显贵了。累积到现在，知道他的人应该早超过一百亿了。这是任何帝王将相都无法比拟的。另外，孔子虽然没有成为诸侯王，但他可以说是全世界最好的家长，没有哪个家族比孔姓家族更幸福，而且几千年延福不断。从这一点来说，孔子晚年退居鲁国，著书立说，实在是最佳情商的表现。

你这种说法，倒也有趣。对了，老爸，你说情商这东西，是天生遗传的呢，还是后天学习的结果？

我是这么看的。智商嘛，天生遗传占百分之七十以上，后天努力最多只占百分之三十。但情商，天生遗传估计只有百分之三十，主要是靠后天修为。父母老师的言传身教，对一个孩子性格的培养实在是太重要了。

记得年轻时听过这么一句话，说是"种下习惯，收获性格。种下性格，收获命运"。现在越想越觉得是这么回事。一个人的习惯，可能有天生遗传的因素，但更多是后天形成的。从婴儿呱呱坠地开始，他的亲人就开始规范他的行为。行为定型，变成习惯；习惯定型，形成性格。假如说，不管刮风下雨，寒冬炎夏，一个人都被要求五点起床，并且已成为他的习惯，那么奋发向上，肯定会成为这个人的性格特征之一。而这种奋发向上的性格必定会带给他某种命运。一个一辈子都奋发向上的人，上苍一定会给他准备厚礼的。这是毋庸置疑的。

嗯，我算是明白了。

你明白什么了？

明白情商是怎么回事了啊。

那你说说，为什么高情商的人容易获得成功？

因为他们会做人呗。

为什么会做人容易获得成功？

会做人容易获得别人的帮助呗。

会做人是不是也含有帮助别人的意思？

嗯，应该有。一个人只会讲漂亮话，如果没有利他行为，久而久之，会被别人看作虚伪，言行不一。

可如果付出多少与回报多少是等量的,那他们凭什么会更成功一些?

这个,这个,老爸你怎么看?

己欲立而立人,己欲达而达人。首先,互相帮助,并不是一场零和游戏。因为你需要的跟我需要的不同。我有的,能够给予别人的,也与你不同。这样取长补短,各取所需,就会达成双赢局面。

人不是独居动物,而是群居动物,分工合作是社会文明的标志之一。助人与被助,其实也是分工合作的一种。文明发展到现阶段,大多数事情,一个人是无法单独完成的,高情商的人更懂得如何分工合作。文明要向前发展,高智商是硬件,因为发明创造,更需要高智商。高情商则是软件,减少社会摩擦,保持社会和谐,保证文明机制在最少的阻力下运转,这都是高情商的体现。

世界潮流,浩浩荡荡,顺之者昌,逆之者亡。这么说来,高情商的人也算是顺应社会大潮而生了,所以他们容易取得成功也不足为奇。

就是。

老爸,拜托你和老妈,赶紧把我训练成一个高情商的人吧。

呵呵，我和你妈的情商都不高，我们是训练不好你的。但你可以自己训练自己的啊。多跟身边的同学学习，说话做事不要太任性，要多思考，多关注社会，多关注他人。要胸怀大志，不说以苍生社稷为己任，但至少要怀揣一份"天下兴亡，匹夫有责"的理念吧。如果能真正做到胸怀世界，胸怀他人，那么情商也不会低到哪里去。唐僧和猪八戒就是例子。小节上，唐僧看起来不如猪八戒情商高，但在大节上，唐僧的情商甩出猪八戒几条街远。

看来要想情商高，还得从大处大节着手。要不然就是小聪明小技巧了。

没错。高情商其实并不只有一种呈现方式。很多高情商的人，会给人一种大智若愚的感觉。

嗯。老爸，我突然觉得你也不用妄自菲薄，你的性情未必不是高情商的一种。

怎么说？

至少，你有胸怀天下之心吧。还有，作为一个作家，你活成现在的样子，难道不是你自己追求的结果？你已经过上了你自己想要过的理想生活。性格疏放，生活简洁，不媚俗，不违心。多好。

哈。也是啊,看来我这是"灯下瞎"啊。

嘿嘿,众里寻他千百度,蓦然回首,那人却在灯火阑珊处。既然这样,我也不必刻意追求什么高情商了,随心而活吧。谢谢老爸。

谢谢儿子。跟你这么一聊,我的心境似乎也开阔多了。的确,认清自己的能力,找到最适合自己的事情,这的确也是高情商的一种。

# 鲁迅他们
# 为什么
# 要反传统文化

老爸，最近头脑有点乱。

怎么回事？

可能是一些观念在头脑中打架吧。

呵呵，说说看，打的什么架？

最近看书，有这么个说法，有人认为从王充到嵇康再到李贽，都敢于挑战传统，质疑传统，说明中国自古就有"反传统"的传统，鲁迅、陈独秀他们当初"反孔非儒"，就是对这种"反传统"之传统的继承和发扬。他们反的其实不是孔子,而是对孔子的迷信;非的其实也不是儒学,而是对儒学的独尊。这跟我以前听到的说法不一样呀。你怎么看?

你以前听到的怎么说?

以前的说法是,鲁迅他们就是否定传统文化,就是反孔非儒嘛。"我翻开历史一查……满本都写着'吃人'!"话都说得这么狠了,你说他不是反传统,那又是什么?

他自己都是承认的。有段时间,他甚至认为连中国的汉字都要消灭,在《关于新文字》中他说:"汉字不灭,中国必亡。……方块汉字真是愚民政策的利器……"你说他反不反?

嗯,我明白了。可是,头疼的事又来了。既然这样,那么是鲁迅他们当年反得对,还是现在我们兴得对呢?

呵呵,我只能说,鲁迅他们当年反儒是没错的,而现在我们兴儒也没错。

你这不是又在和稀泥吗?明明是非此即彼,怎么可能都对?算了算了,老爸,你若是没理顺,也就别跟我聊了,要不然我的脑壳会更痛。

我不敢保证说我完全理顺了，但至少我能说出个子丑寅卯来吧，就怕你听不懂。

我都十七岁了，莫当我是小孩子喽。

好吧，我们先来说文化吧，什么是文化？

文化嘛，文化嘛……这个，我说不好。

文化这东西外延很广，囊天括地，包罗万象，要想准确定义，还真难。从广义上讲，一切文明成果皆是文化。它包含两层意思，一是指广泛的可以学习运用的自然科学与社会科学，再是指人们内心的精神和修养。更具体一点，文化是指人类的历史、地理、风土人情、传统习俗、工具、附属物、生活方式、宗教信仰、文学艺术、规范、律法、制度、科技、军事、思维方式、价值观念、审美情趣、精神图腾等等。

现在百科或辞书对文化的解释是：文化是相对于政治、经济而言的人类全部精神活动及其产品。这么一来，文化的范围就缩小很多了。

嗯。其实我心里大致知道，只是无法完整表达。

既然知道，那么我问你，什么是中华传统文化？

还是你说吧。

我查了一下，百度百科是这么解释的：中华传统文化首先应该包括思想、文字、语言，之后是六艺，也就是：礼、乐、射、御、书、数，再后是生活富足之后衍生出来的书法、音乐、武术、曲艺、棋类、节日、民俗等。传统文化是与我们生活息息相关的，融入我们生活的，我们享受它而不自知的东西。

嗯。

我觉得嘛，这么定性中华传统文化还是太狭义了。中华传统文化应该还包括宗教、道德、社会和政治制度吧。虽然现在把政治、经济同文化区分开来，但在中国古代，政治和经济根本就没脱离文化。古代甚至都没有现代意义上的政治一说，"政"和"治"两个字都是分开的，就没有合并过，"政"和"治"都是文化的一部分。

你说的政治、经济，其实不都包括在礼、乐、射、御、书、数之中吗？

呵呵，也对也对。总之，要弄清文化是什么，中华传统文化是什么，其实并不是一件简单的事。

问题是，弄清这些后，我更不明白鲁迅他们当年为什么要反传统文化了。

别急嘛。我现在问你，我们为什么要有文化？文化是干什么用的？

这不是废话嘛，文化不就是用来强化我们的生存技能，提高我们的精神境界吗？

回答正确。前面说过，文化一方面是指自然科学和社会科学，另一方面是指人们内心的精神和修养。"这个人很有文化涵养。"就是指这个人的道德修养和精神境界高。但人的精神和修养其实也是社会科学的一种具体呈现，就是说，从社会学的角度来看，人其实就是一门包罗万象的活科学。你认不认同？

嗯，你这个说法挺新奇的，但我认可。

如果把文化简化成自然科学和社会科学，我们可不可以这么说，自然科学几乎都是为提高人们的生存条件和生存技能服务的，而社会科学有的是提高我们的生存条件和生存技能，有的则是提升我们的精神境界的，是不是？

嗯？比如？

比如各种法律法规、交通规则的制定，就是为了提高我们的生存条件和生存技能的。如果社会没有这些东西，那不知社会将乱成什么样子，人们根本无法正常生活。而哲学文艺则是提升我们精神境界的，它们不直接与生存技能挂钩，只能暗中影响我们对生存技能的选择和接受。

嗯，你这么说，我就明白了。

提高我们生存技能的东西，我们可以判断，比如，拖拉机耕地显然比牛耕地要强，高铁比火车要快，手机比座机更方便。但提升我们的精神境界，却是我们无法判断的，你能说你比唐明皇、李白、苏东坡、成吉思汗的精神境界高吗？

这……这……哈，元芳，你怎么看？

先莫问我怎么看。我问你，什么是精神境界？

大概是指人的三观吧：人生观、世界观、价值观。

三观是形而上的东西，形而下者谓之器，形而上者谓之道。以前我跟你聊过，比较这些看不见摸不着的道，最终的落脚点应放在哪里？

物质利益？

没错。我以前不是还提到过一个概念吗？

哦？人类集体利益最大化？

正是！你的三观是怎么样的，要通过你对世界、事物、事件的判断来呈现。这个世界是好的，这朵花是美的，这件事是对的。有了这样的判断，人们才知道你的思想见识和精神境界是高是低。

那么，在封建制与奴隶制交替的时代，你是拥护奴隶制还是拥护封建制？你是觉得奴隶制更好，更有利于人类集体利益最大化，还是觉得封建制更好，更有利于人类集体利益最大化？这就是考究你精神境界高下的时候了。尽管对绝大多数普通老百姓而言，最后只能被动接受强势政权，但在内心深处，对新生事物，每个人都有自己的考量和判断。

哦，我明白了。精神境界的高低，有时候不一定是具体指你会不会舍己救人、大公无私，也可能是指你能否敏锐把握时代大潮的方向，清晰判断新生事物的优劣，并朝着更有利于人类集体利益最大化的方向践言践行。

说得好。舍己救人是人品格上的精神境界，而对时代潮流的判断则是人见识上的精神境界。这是有区别的。比如说改朝换代之际，一个遗老可能在仁义助人方面没得说的，但对时局的把握就可能因囿于视野而落后于那个时代的新青年。

朝着更有利于人类集体利益最大化的方向践言践行，其实这也是文化的一部分内容。大儒孔子出生在奴隶制末期、封建制初期，他修订并倡导的儒学，有一部分其实就是为封建王朝、封建制度、封建社会服务的。但那时封建制代表当时先进的社会生产力，代表人类集体利益最大化的方向，这使得当时的儒学也成了一门"精神境界"很高的学问。

当然了，人类集体利益最大化的方向，其实没有人能够真正看清，但一邦一城集体利益最大化的方向，圣人是可以看清的；而一镇一村多数人利益最大化的方向，一般老百姓也能看得清。

嗯，你画了这么一个大圆圈，现在似乎开始往回走了？……这么看来，文化只是新生制度、新生社会形态的附庸？

你应该说得更准确一些，有一部分文化，或者说有一部分社会科学就是政治制度的附庸。比如儒学中的一部分，就是封建政权的附庸。

新的社会形态不是由文化孕育出来的吗？现在怎么反过来了？

应该说，自然科学的进步，以青铜、铁器为首的各种金属的大量冶炼，提高了生产能力，才导致封建制度这种新的社会形态的出现。而新的社会形态又得到了新的社会科学（儒学的一部分）的大力支持，才变得更加稳定。当然，自然科学的进步，也是建立在原有社会科学的基础之上的。怎么说呢？原始社会不会有人想写《本草纲目》，封建社会不会有人想造航天飞机，十九世纪不会有人想用微信微博。为什么？就是一个时代有一个时代的社会科学，在这个时代社会科学的水土上，只能长出相应的自然科学的庄稼，绝不可能超前，一步登天。

**嗯，你这么说，我很认可。是先有鸡还是先有蛋，这的确是笔糊涂账，是说不清的。**

政治形态和社会制度与文化的先后关系，还真是说不清楚。真是蛋中有鸡，鸡中有蛋。以儒学为代表的传统文化既然是为新生政权保驾护航的，反过来它依附新生政权，也成了封建社会最有力的显学。从一开始，儒学的"真理"就掌握在达官贵人手里。什么意思？就是说，文化的解释权一直归官僚统治集团所有。

新兴的政权代替旧政权，封建制代替奴隶制，不是请客吃饭，顺理成章，而是经历了血与火的斗争，成王败寇只是一种现象。社会科学（一部分儒学）就是要从这种现象中寻找成败的深刻原因，为新政权的合法性、正统性鼓与呼，以安定当时刚摆脱战乱、惶惶不可终日的民心，并且还要立马着手形成新道德、新习俗来巩固新政权。比如"君为臣纲，父为子纲，夫为妻纲"为主要内容的"三纲主义"，就是为巩固新政权服务的。统治集团说这是对的，这是必需的。儒生们带头拥护，著书立说，论证"三纲主义"的正确性和必要性，渐渐地，这一观念就像烙印一样，印在了普通老百姓的心中，若是哪天违背了三纲中的一纲，就会惴惴然、惶惶然，寝食难安。如果三纲都违背了，那简直只有自裁以谢天下了。

呵呵。到后来，"存天理，灭人欲"也是对的，必需的。甚至连"妇女缠足"这样让后人不可理解的行为，也是对的，必需的。

没错。或许有质疑的声音，但封建政权是从血水中泡出来的，它处处透着说一不二的杀伐之气。"罢黜百家，独尊儒术"，在我看来，儒学从一开始，就具有很强的刚性特征。仁爱是对那些接受自己学说的顺民而言的，对那些反对他的人，孔子的手段也是很残酷的。据传，少正卯是孔子同时代的著名学者，据说门徒也非常多，但与孔子的施政纲领不尽相同，孔子骂他妖言惑众。在一次完全是政治见解之争的朝会上，孔子一怒之下，就把他绑起来斩了。又据传，季孙氏、叔孙氏、孟孙氏三家世卿城墙太高，超过了礼仪规定的标准，孔子劝服不成，就命人带着军队强行拆毁，内战由此爆发，两方死伤无数。很显然，孔子在手头有权力的时候，为了违护儒学的正统性，也是很强硬的。

传统文化不是民间智慧的结晶吗？给你说得倒像为虎作伥的帮凶了？

很多传统文化的确是民间智慧的结晶。孔子他并不是儒学的创始人，他只是儒学的集大成者。很多儒学知识，由来已久，是真正民间智慧的结晶。孔子只是加以挖掘和整理而已。但儒学中那部分为统治阶级保驾护航的文化的确就是一种帮凶文化，而这种文化，是应时而生的新兴文化，算是孔子及其门徒新创的。

既然是帮凶文化，那就是落后的文化喽？

谁说的帮凶文化就是落后的了？封建制代替奴隶制，是社会的一种进步。在没有更新更好的社会制度能够代替封建制时，那么为封建制保驾护航的帮凶文化，就是一种进步文化。而还想为腐朽落后的奴隶制返尸还魂的帮凶文化，那才叫落后文化呢。

哎，又落到物质利益上去了。

怎么说？

难道不是吗？之所以说封建制先进，就是相对奴隶制，它更能带给老百姓看得见的实惠。就因为它更能喂饱人们的肚皮，所以无论多摧残心灵的文化，都是无比正确的。

深刻。以前在聊文明是个什么东西的时候，我们就讨论过。人类对"是非对错"的判断最终都得落在物质利益上，而文明的进步史，就是不断扭曲心灵的历史。在物质利益面前，人类是不会顾及心灵的。因为心灵是一种看不见摸不着的东西，人们总以为心之不适，忍一忍也就过去了。如果过不去，我们还有一部分文化，就是被损害心灵的止痛膏和麻醉剂。

**我突然发现，儒学得到统治阶级保护后，对于说一不二的帮凶文化当然是好，但对于民间智慧结晶的那一部分文化反倒不利啊？**

为什么这样说？

**民间智慧本是一种动态的东西，它的结晶也是一种动态文化。如果被强行保护起来，很容易固态化，不利于它与时俱进。**

没错没错。这一点你看得非常准。正因为被强行保护起来了，所以"祖宗之法不可变"，所以后代只能与尧舜比齐，而不敢超过尧舜，甚至连想一下都不敢。一切都是过去的好，祖宗的好，一切因循守旧就好了。皇帝的儿子能够达到皇帝的水平，就已经满了，多一分便溢出来了。比如说，皇帝射箭射了一百米，如果太子射到一百二十米开外去了，那么他这个太子简直是不想当了。

哈哈。我真不知道这类中华传统文化怎么能维持这么多年。

这只能算传统文化中的糟粕了,并不代表全部的传统文化。

哎,就算我们的传统文化有很多精华,但被这样特制的"坛子"捂住了,恐怕也早就过期发霉发馊了。

你说得没错。我们的精华"四大发明"就这样被捂得过期发霉发馊了。西方人与时俱进,拿着我们的指南针环游世界,掠夺财富;拿着我们的造纸、印刷术传播知识,开启民智;拿着我们的火药制造热兵器,四处武力征服。而我们的指南针只被阴阳先生当作罗盘看风水,我们的火药只在过年过节当烟花放,我们的造纸、印刷术只为达官贵人服务,至于广大老百姓"无才便是德"①,"民可使由之,不可使知之。"

这样的文化坛子,怎么可以任其捂下去,而不打破?

所以鲁迅他们去打破了。

---

注:①语出张岱《公祭祁夫人文》:"眉公曰:丈夫有德便是才,女子无才便是德。"此语殊为未确。

**只是迟了三千年……**

不对。是不迟不早,刚刚好。

**为什么是刚刚好?**

因为只有在那时,鲁迅他们才真正清醒过来,世界已出现一种新制度,而且,明显优越于封建制度。

当中国的权贵还在封建主义的余荫里饱食终日的时候,一些国家早已挟着先进的科技,轰轰烈烈地进入了更能发挥个人潜能的资本主义社会。与有奶便是娘的资本主义社会相比,尊卑有序的封建社会一下子露出了它捉襟见肘的一面来了。

具体表现在中国,就是第一和第二次鸦片战争中,依靠洋枪洋炮,联军几千人就可以横扫一个几亿人口的文明古国。到后来,经过明治维新的弹丸小国,也可以将清政府自鸣得意的北洋舰队摧枯拉朽般地彻底捣毁。

**既然当时是制度不行,应该先要反制度呀。**

制度自有人反啊,百日维新运动,旧民主主义革命,新民主主义革命。知识分子反的自然是文化啰。群狼环伺,国将不国,知识分子们认定儒学为导致今日惨状的罪魁祸首,所以冲冠一怒,要与传统文化彻底决裂。

好！好！

好什么好呢？

又有什么不好呢？

这是脏水、孩子一块泼的行为啊。

哪里还有什么孩子？全是乌七八糟的东西。

看来时间过去了一百年，你的思想境界还是没有高过上世纪初的那一拨人。都说要站在前人的肩膀上看问题，你站哪里去了？

你这是说笑呢，放眼中国，几个人能高过他们？

得、得，你看看，还是"儿子绝不可能高过老子"这种封建思想在作祟呀！我问你，中国传统文化中的"己欲立而立人，己欲达而达人""己所不欲，勿施于人"的仁爱精神，"天行健，君子以自强不息"的进取精神，"地势坤，君子以厚德载物"的包容精神，"大道之行也，天下为公"的社会理想，"不义而富且贵，于我如浮云"的义利观，"与人为善""助人为乐""扶贫济困""知耻近乎勇"的道德品格，等等，有问题吗？

嗯，似乎没有。

讲仁爱、重民本、守诚信、崇正义、尚和合、求大同的精神，这些都是中华优秀传统文化的精髓，有问题吗？

好像……也没有。

那么我们为什么要与过去、与传统，毅然决然一刀两断？

呵，也是。那么，上世纪初的知识分子为什么想与传统一刀两断呢？

时代的局限性呗。在清政府灭亡之前，我国并没有严格意义上的政治，封建社会往往政教不分，政文不分，"以儒治国"是历代封建王朝的口号，斑驳的儒学里夹杂着大量施政纲领。而自孔子及其门徒坐上香烟缭绕的神龛，接受万民朝拜后，儒学其实也是"儒教"。封建政权是披着儒学的外衣在治国，尽管政治制度和社会架构从来都是由以皇帝为首的官僚利益集团决定的，儒学虽然只是辅助，但在外界看来，却是它在独显其能。这样一来，政治制度进步，儒学它就是伊始；政治制度落后，儒学它便成了元凶。

可能是吧，当时当境，上世纪初的那些知识分子未必能将文化这么细分细剖。

所以说嘛，一样的封建制度，过去是进步的象征，现在却是落后的代表。它不再是先进的生产力，也偏离了人类集体利益最大化的方向。新兴的制度，随着眼花缭乱的先进科技，如春潮滚滚而来。而围绕资本主义制度而生的新文化也已露出勃勃生机。

站在当时的历史舞台，上世纪初的那些知识分子就算有孙悟空的火眼金睛，怕也发现不了其中的关窍，只恨不得将"腐朽"的传统文化统统砸得稀巴烂。于是乎，"中国的医学不行，中国文字不行，中国的瓷器京剧都不行，中国的辫子就更不行了"。可回头想想，这一切何辜？

呵呵，老爸，顺着你手指的光明方向，我终于也能看出前人的狭隘性来了。现在看来，那一条油光发亮的辫子其实还是蛮帅的，等到了大学，我就留一条玩玩。我虽不帅，但我的辫子帅，估计会赚来很多点赞和回头率。

切！少贫嘴啦。就算你留一条长辫，但你的辫子跟当时那些辫子的文化内涵已完全不同啦。你留辫子只是彰显你的个性，而当时的辫子则被看作一种被劳役、被禁锢的象征。剪了辫子，就是打破这种象征。张之洞的幕僚、大学者辜鸿铭却认为这条辫子的象征含义是虚幻的，所以他一个人孤独地留下了这条并不漂亮的花白辫子，并且说："有些人脑后的辫子是剪了，但心中的辫子却没剪。"他则是头上的辫子没剪，但心中从来就不受这根辫子约束。现在回头想一下，你发现没有？辫子如果是自觉去剪的，那就有打破禁锢的意义。如果是被迫剪的，甚至是抓起来剪的，那又是一种新的禁锢了。

对，太对了。我现在明白你为什么说反传统既是对的又是错的了。

那你说说看？

还要说吗？你不是说得够明白了吗？

我说得明白，并不意味你说得明白，我就要你说说嘛。

那我说了，你别笑话。

怎么会？两人聊天，就是互相探讨呀。

我是这么看的。对自然科学来说，其实不存在民族的一说，勾股定理，牛顿第一、第二定律，全球通用。不论是哪个民族首先发现的，这些科学都是属于全人类的，是染不上民族色彩的。所以，对于我们传统文化中的自然科学，瓷器啦，草药啦，火药啦，指南针啦，印刷术啦，它们虽然由中华民族所发明创造，却为全世界所通用。只是某些东西，人家已把它的用途发挥到了极致，而我们还只是利用了它一点表皮，比如火药、指南针。还有一些东西，人家已经在这个东西的基础上，又向前推进了一大步，而我们仍然在原地踏步，比如说草药。我想任何民族都经历过草药时代，只是西方民族早我们一步将草药里的精粹提炼出来了而已。

自然科学是不存在好的坏的一说，只能说是先进的还是落后的，是基础的还是前沿的。在五四时期，我们的火药是基础的，人家的火枪已成了前沿的。我们的草药相对于西药来说，有某些独特的治疗效果，是西药所代替不了的。我们的瓷器则一直领先于全球水平。

这些自然科学既是民族的财富，也是人类的财富。无论如何，都不能以任何理由抛弃、摧毁、抹杀。屠呦呦不还通过《本草纲目》，找到了青蒿素，获得了诺贝尔医学奖吗？

嗯，就是嘛。

但是社会科学嘛，却还真难说。

怎么难说了？

都是空口白牙，公说公有理，婆说婆有理，打的全是笔墨官司，真难判断呀。

哎呀，说了半天，你又忘了最关键的落脚点。

人类集体利益最大化?

是啊。

那你落一下给我看看?

儒学既然要"替天行道",在自己的学说里夹杂大量施政纲领,当时中国的封建政治既然要以儒学的面貌出现,儒学中的一部分既然要成为封建制的帮凶文化,那么当封建制落后于资本主义制度时,儒学这部分文化就没有存在的价值了,鲁迅他们反这一部分传统文化,那就是对的。

这么说,鲁迅他们反传统文化中的社会科学,就是对的了?

也不能这么说嘛。除了政治制度,社会科学的范畴还很广泛,还有很多制度,是没有写上"吃人"二字的。

怎么理解?

比如说,学生不能迟到早退,工人不能上班打牌,医生不能敲诈病人……这些制度就没有写上"吃人"二字吧。所以,这些是不应该反对的呀。

**这么说来，鲁迅他们当年可反对的东西其实是很少的？**

没错。除了你说的自然科学全球通用外，其实社会科学中的精髓也可以全球通用。

**比如？**

比如"自强不息"的奋斗精神，"精忠报国"的爱国情怀，"天下兴亡，匹夫有责"的担当意识，"舍生取义"的牺牲精神，"革故鼎新"的创新思想，"扶危济困"的公德意识，"国而忘家，公而忘私"的价值理念，"天人合一""天下为公"的社会理想，"以人为本""民为邦本"的治国理念，"载舟覆舟""居安思危"的忧患意识，"止戈为武""协和万邦"的和平思想，"与人为善""己所不欲，勿施于人"的处世之道，等等，如果抛开中华民族的外衣，其他民族也从不同的角度，以不同的方式，借不同的典故，表达了差不多的思想、观念和理论。

所以说，除了社会制度，儒学社会科学中的精华部分，其实也是全人类的共同价值。这些东西，是可以继承和发扬的。很多都是人类的基本价值，无论时代怎么发展，它们都代表人类集体利益最大化的方向。因为这些价值就是为群居的人们更好地和睦相处、互利互惠、共同发展所设计的呀。这些东西，无论是谁，都反不掉。

嗯。现在兴儒，兴的就是这些东西吧？

没错。

那其实提不提倡，兴与不兴，这些价值都在那里，都为我们、为全人类所需要，并流淌在我们这些社会动物的血液之中。既然这些不是儒学所特有的，现在为什么又要重兴儒学？

因为儒学是我们民族的根啊。那时候，我们断自己的根，是因为气急败坏。现在醒过来了，一个民族是不能把自己的根断掉的，把根断了，这个民族就成了浮萍，成了无源之水，无本之木。所以要把这些共同价值作为中华民族的定海神针。

嗯，明白了！

# 过去与未来

老爸,最近我对穿越小说挺感兴趣的。我在想,若我也能穿越到过去,那就"爽歪歪"了。

哎,关于这事,你妈已经很生气了,说是我带坏了你,不该让你看网络小说。已经高三了,你得全力以赴,心思不能旁逸。

可我也不是个学习机器呀,我得劳逸结合,不是吗?再说了,我挤出一点点时间,翻一翻这些天马行空的网文,算是放松自己疲惫的大脑,这也不影响我的学业呀。

影不影响,看数据。你看看你的成绩,坐过山车似的，月考排名一次高，一次低，这么不稳定，你妈的小心脏可受不了。

好啦好啦，真没劲，本想找你聊聊天，却受你一番数落。走了，读书去，不跟你聊了。你们放心，我会努力的。

喂喂？你怎么会想穿越到过去？我只想穿越到未来。如果科技发达，可以让人冻眠，我申请冻眠两百年，我想知道，两百年后的世界究竟是什么样子。

我也想穿越到未来，可一想未来的学习任务可能更繁重，心里就发怵。我还是穿越到过去算了，好好享受去。

谁告诉你的，穿越到过去，就可以享受？

网络穿越小说，不都是这么写的吗？这个社会再怎么平庸的人，到了落后的古代，就成了超人，成了半神。穿越者凭借超前的时空观念、超前的政治理念、超前的科学技术、超前的市场经验，超前的所有一切，撸起袖子，大展宏图，很快就在周边干得风生水起，一两年，就成了帝国红人，要风得风，要雨得雨，以白衣之身份，上可与皇帝称兄道弟，下则"圈粉"无数，整个帝国的青年男女，都把他当作偶像、楷模、梦中情人……哎呀呀，真是太带劲了。让人羡慕得眼珠子都要掉出来呀。

哈哈，我总算明白为什么穿越小说这么受人追捧了，原来是集体"不切实际地幻想"呀。哎，你们也太一厢情愿了吧？

怎么就一厢情愿了？上回我们聊天，你不是说，我们的脑容量、心灵容量，我们的学问见识，我们的智商情商，不都是在向前发展吗？如果穿越回去，那不就像一个成年人回到了幼儿园？

哈哈，有趣有趣。我们不做无谓之争，不妨一项一项细化落实。我问你，你穿越到了过去，以什么为职业，以什么谋生？

学好数理化，走遍天下都不怕；穿越到过去，更不在话下。随便干什么，一定都比那些"时光原住民"干得好。

行，我们就先假设你这个时光穿越者到了宋代。既然随便干什么都比"时光原住民"干得好，那我问你，你去写宋词，比起柳三变、苏东坡、李清照他们如何？

这、这……你这不是哪壶不开提哪壶？宋词是那个时代的标配，术业有专攻，填词是那个时代知识分子的专业，我怎么与他们比呀？那时候，小说还不盛行，我可以跟他们比写小说啊，我去写网络小说，比"死"他们！

当然，以你写文章的水平，居然有这份自信，倒让我刮目相看。好吧，我姑且相信你的小说，特别是网络小说写得比他们好。不过，我问你，宋代，你到哪里去找网络去？也许你会说，你说的这个"网络"，意指"大众阅读"。但我不妨告诉你，你的小说即便写得再牛，可能也改变不了当时识字人对词、令的偏爱。更何况，当时的诗人词人，根本就没有稿费版税一说，写得再好，也只能赚个名声。你就算能从词人圈子里抢出一些粉丝来，这些粉丝也不会给你打赏。即便他们想打赏，也没有打赏渠道。那时可没有知识产权一说。再说了，返回宋代，要学会那个时代的白话，就够你吃一壶的了，还要用当时的白话文写作，你行得通吗？你的文字水平，放在这个时代都圈不到多少粉，更莫说那个时代了。那个时代，识字人很少，而且识字人偏爱文言文和诗词，用白话文写出来的东西，估计他们正眼都不会瞧一下。所以，以文谋生，连老爸都不敢想，更何况是你？

哎呀，仔细想一下，确如你所说。穿越到古代，好比去了美国，要用英文写作，我哪能比得过当地人呀？看来还得从理科工科中，找活路。

好，那我们就靠"超前的科技"来谋生。现在我们提倡的是"科技兴邦"，返回到过去，算是"科技兴己"吧。这个时代，我们用过的科技产品，多如牛毛，并且都是宋人见所未见、闻所未闻的东西。每个人都是见过大世面的。可是，你想想看，当你孤零零一个人到了那边，你能造飞机吗？能造高楼吗？能造手枪吗？能选育杂交水稻吗？能生产化纤衣料吗？能发明并使用电吗？如果不事先得知自己将要穿越，临时找些资料抱个佛脚，你就连简单的火柴、肥皂都制造不出来。

晕，我怎么就没想过这些呢。会使用不等于会制造。不行不行，这也太恐怖了。读了十几年书，原来都是纸上谈兵呀。我得学会一点简单的工业制造才是。要不然，哪天被人一棍子打晕，真的穿越到了过去，那我一肚子知识，真是白学了，居然一点都用不上？……咦？我什么都造不出来，但我可以教私塾吗？教"之乎者也"不行，我教他们数理化呀，不就可以谋生了？哈哈。

可是，那个时代，数理化还没有什么市场，人们拿数理化没用处，估计不会送孩子去你首创的理科私塾呢。我想，如果你打得一手流利的算盘，也许比教数理化更受人欢迎。……对了对了，你可以去东京一家店铺或钱庄当算账伙计，那应该马马虎虎可以胜任，前提是，你得赶紧学会打一手流利的算盘。要不然，你的笔头再快，也不如那时人们的算盘快。

老爸，你这不是寒碜我吗？我堂堂长郡中学出来的人，穿越到过去，只能做一个三流的伙计？一流的伙计还得要打一手好算盘？这样我也许饿不死，但会憋屈死的。

不干。

行，不干这个，你刚不是说，还有"超前的政治理念"吗？那你当个革命者怎么样？你去告诉那时的人们，他们的社会制度是不合理的，每个人都是平等自由的，都有参政议政的权利，皇帝是一个错误的职业，是不应该存在的。如果不选择社会主义，就应该选择资本主义？你是否还要亲自去皇宫一趟，帮皇帝设计一系列最适合社会运转的现代政治、经济、军事制度？然后让他摇身一变，变成主席或总统什么的？

嘿嘿……如果我真有这种想法，也许还没到皇宫，就会被当疯子乱棍打死。就算到了皇宫，皇帝信了我，可我那半桶水的现代政治理念，也会因水土不服，半途夭折，最后被控祸国殃民罪，像商鞅那样，被判车裂或凌迟。哎呀，这个也行不通啊。

既然不行，那我们再看看"超前的商业理念"？我们不妨也设想一下：倒买倒卖？贱入贵出？南货北调？搞民间集资？办官方银行？创资本股权？建议朝廷把商业放在各业之首，兴修官道，加强货物流通？

这个，这个……说起来似乎是可以的，商业兴则百业兴。但做起来恐怕也很难。我得先有资本，有能力，有权力，能召集一班人，要不然，我孤家寡人，什么也干不了。最糟糕的是,我得先说服官方和民间,商业才是富国强民之正途。这也太难了。几千年的封建社会,都把农业摆在首位,把商业摆在末途,我以一人之力,根本撼动不了他们的这种理念呀。我还得先著书立说才行。……我想了想,还是不行。就算我知道要如何做,但我没能力说服那个时代的人跟我一起去做。而且,就算做出了一些起色,我也怕当时的政府把我当"投机倒把"分子给抓起来呀。好吧好吧,我还是搞农业去吧?那时土地多便宜呀,随便开垦,就是一大片,做一个地主老财主也挺不错。"采菊东篱下,悠然见南山","开轩面场圃,把酒话桑麻",做一个陶渊明或孟浩然式的人物,也还浪漫。

你想得浪漫!你懂犁田耙田、选种育秧吗?上山砍柴遇到长蛇、黄蜂、野兽了,怎么办?你会土法子解蛇毒蜂毒吗?单凭手中的柴刀,你能赶跑野兽吗?在那种出门便是荒山野岭、虎啸猿啼的时代,你甚至都不适合出门,只能待在家里。可待在家里,你会用杼机纺纱织布吗?会用土灶烧火做饭吗?做习惯了现代人,有电有气,一切简洁轻便,真要回到古代农村,你也许是方圆千里内最笨手笨脚的人,就算务农,你都要从头一点点学起。

这么说来,穿越到古代,我真一无是处?还不如一个古人生活得更好,这也太违常理了吧?文明向前发展,我们究竟是比古人更聪明了呢,还是更笨拙了?

呵呵，我还真不知道怎么跟你解释。之所以会出现这样尴尬的局面，跟人类文明发展的方向有关。文明的发展是个什么方向呢？我这么说吧，现有文明的总体发展方向，不是强化"单兵作战"的能力，而是强化人类"整体作战"的能力。

你不是喜欢看网络小说吗？网络小说中的玄幻小说喜欢把人的修为分作若干级，一个人只要有天资，有机缘，肯努力，那么他身体的潜力就会不断地被挖掘出来。他会一点点脱胎换骨，然后超越凡人，成为超人，成为神仙，不但会长生不老，而且举手投足，可令山岳崩摧、江河倒流，甚至秒爆星球，创造世界也不在话下。这虽然是想象的，但其实也可算作是文明的一种发展方向。

现实生活中，道教的修炼方式就比较接近这种想象。道士们不信天命，不信业果，力抗造化，勇猛砥砺，一往无前，以求得道成仙，长生不老。他们想脱离造化的轨道，不断挑战身体的极限，要为人类蹚出一条新路。我想这样日修月炼，到后来，他们身体里的某些基因，肯定跟一般人有些不同。据说当初武当派的创始人张三丰不但武功高强，还长寿，只可惜他没做好基因遗传工作，让道娶道，道生道，代代相传，使变异的基因日积月累。如果那样的话，人类还真有可能培育出一支神奇的种族来，个个如传说中的彭祖，寿辰八百。

相对于把改变自身作为奋斗方向的道教来说，现代人类文明则是以改变人类的外部环境作为努力的方向。

呵，我明白你说的"单兵作战"和"整体作战"是什么意思了。这个问题，我可从来没思考过，今天算是"开脑洞"了。我在想，地球上之所以有不同的人种，除了外部环境的影响外，估计与他们的生存理念和生活习惯也有关吧？

应该是吧。但普通人无论怎么修炼，都难以修炼出一个可以徒手搏虎的武松来。所以人类文明发展的大方向，选择了提高"整体作战"能力。一个人打不死一只老虎，可以几十个人一起上。一个人徒手打不死一只老虎，那就带上手枪、机关枪，没有打不死的虎。如果以大自然的生物现象来打比方，人类文明的发展方向，其实是由蛛网朝着蚁穴和蜂巢的方向去的。什么意思？就是说，最初的人类文明，比较偏向于"单兵作战"，每个人都是蜘蛛，能织一张完美的网，一个人或一家人，就可以解决生存繁衍大计。但后来，人类文明偏重于"整体作战"，文明就不再是一张一只蜘蛛就可以织就的丝网，它变成了蚁穴和蜂巢，越来越成为团体合作的产物。

换句话说，当人类的文明是一张丝网时，一个人就像一只蜘蛛一样，一只蜘蛛可以掌握它们种族的全部生存技能，一个智慧的人，也几乎可以把人类的生存技能掌握个七七八八。而当人类的文明成了一个蚁穴时，一个人只能跟一只蚂蚁一样，再也没办法掌握全部的生存技能了。为什么？因为分工的不同，一只蚂蚁只会做安排给它做的事，工蚁、雄蚁、蚁后、兵蚁，各司其职，谁也不能代替谁。

人也一样，只会做社会安排他做的事。文明已经非常庞大了，个体的人就算穷尽一生，也掌握不了多少技能了。

  有些生物学家，不将一只蚂蚁或蜜蜂视为单个的生物，而是将一个蜂巢或蚁穴当作一个生物体。为什么？因为单只蚂蚁或蜜蜂没有生存繁衍的能力，只有一个整体才有。这时候，你眼睛里看到的一只有脚有头有躯干、能爬会跑善挖洞的蚂蚁，因为生存繁衍能力的片段化，而被某些生物学家看作一个生物体中一个小部件而已。人类也一样，随着文明的进一步发展，个体如果离开了集体，就像一只孤零零的蚂蚁一样，变得没有存在的意义了。这就是为什么现代人穿越到了古代，会变得寸步难行的原因。因为你失去了自己赖以生存的蚁穴，而时光原住民的蚁穴与你根本不是一个系统的，你根本无法融入他们中去。

  **哎哟，这么深刻啊。"个体离开了集体，变得没有存在的意义"，这话怎么理解？我好像还有些没听懂。**

  呵呵，其实刚才我已经讲过了。还以蚂蚁为例，蚂蚁是讲究分工合作的，蚂蚁活着的意义就在于它的蚁穴。一只工蚁没有了蚁穴，不但难以存活，也没有了存活的意义。在蚁穴的分工合作中，工蚁负责搬运食物，它自己不能复制基因，不能培育后代，不能立地生根，不能凭自己就整出一个蚁穴来。如果再不能回到蚁穴，它不但活不了多久，对它的"蚁穴文明"来说，也毫无作用可言，所以我觉得它已失去了活着的意义。如果按某些生物学家的看法,既然一个蚁穴才是一个生物体,那么一只失群的蚂蚁就相当于一只蚱蜢的一条断腿,你说这只断腿还有意义吗?更何况,对于一个有成千上万蚂蚁的蚁穴来说,失去区区一只蚂蚁,根本就没有断腿之痛。同样,现代人类文明,讲究的也是很严格的分工,人越来越不再是他自个儿的,而是属于社会文明的。他只是社会文明的一颗"螺丝钉"。他的生存越来越离不开这个社会,而他也只能在自己的社会才能发挥自己的价值。离开了这个社会,离开了他所依赖的文明,他也就什么都不是了。

比如说,把你突然置身于一个荒无人烟的小岛上,你已失去了独立生存的能力,你不久就会死去,而在你苟延残喘的日子里,对人类社会也毫无作用了,而你也不可能拥有未来,甚至连你内心的希望之火,都熄灭了。这时你的存在,就是没有意义的。

**打住,打住。你的观点与我看过的书和电影似乎有冲突,比如说《鲁滨孙漂流记》,又比如说《荒岛余生》,还有,杰克·伦敦写的一系列作品,仿佛都是写一个个脱离社会的人是如何把生命过得有滋有味的,是如何活出生命的精彩和意义的。怎么到了你这里,离开了人类社会,活着就变得没有意义了?**

我正要说这个呢。你发现没有,你说的这些,都是十八、十九世纪,或二十世纪初的作品?而那个时代正是殖民文化的鼎盛时代,鼓励人们去远方,去探险,去开垦，向大自然要财富，将个人潜力发挥到极致，然后汇涓涓细流而成江海。那些作品的最后，都是主人公绝地逢生，重返社会，所以他们的一切努力都变得非常有意义，并且极具象征意味，象征什么呢？就象征人类探索地球乃至宇宙不屈不挠的精神。那时正是"蛛网文明"时代，讲究的正是"单兵作战"的能力。但工业革命之后的这么多年，社会对个体的要求，已发生了翻天覆地的变化。工业革命之前，对财富的积累，讲究的是"众人拾柴火焰高"。而工业革命之后，对财富的积累，讲究的则是"各司其职，各安其分"。什么意思呢？就是说，一群手工业者，根本不能与一群产业工人相比。比如说，你靠手工织布，从地里采集棉花开始，到织布染色结束，你样样都通。而人家分工合作，依靠机器每个人只需完成其中的一个环节就可以了。除去科技进步（机器）带来的额外利润外，人家的平均利润，也比你高得多。你是样样通，但你样样不精通。无论在哪个环节，你都比不过专门做这个环节的人。

**我有些明白了，现代的社会，不需要个体"通"，只需要个体"精"，这样一来，社会进步了，文明丰富了，科技发展了，生活精彩了，我们的谋生技能却越来越单一了、片段化了。**

你想想，我们如果离开了社会，到了一个荒岛，就像离开了水域的鱼儿，你说我们还能活吗？你说我们在赴死路上的短暂生命，还有意义吗？我不妨告诉你，某些偏执的生物社会学家认为，如果把蚁穴看作一个生物体，那么也可以把人类社会文明看作一个生物体，而生活在其中的人们，只是生物体身上的一个个小部位而已。

哎，的确没有意义了。我现在算是明白了，如果只为谋生，没有精神需求，文明越向前发展，绝大多数人越不用动脑筋了。同古代的人相比，我们反而变得越来越苍白，越来越简单，越来越扁平了。古代人想要活命，衣食住行，十八般"武艺"，得样样精通；而我们活命，只需要掌握庞大繁复文明的一小块碎片就可以了。

呵呵，所以，重返过去，如果不能把整架"文明机器"轰隆隆开过去，我们就失去了生存的最大依凭。就如一只工蚁，没有了蚁穴。或者说，只是现代文明的一个零件穿越过去了。

哎，这么说来，反是古代人穿越到了现代，更容易生存一些？只要稍加培训，他们就能如鱼得水，自食其力。现代人穿越到古代，反是艰难无比。最荒唐的，可能越是尖高端人才，越是寸步难行。因为人的精力是有限的，当一个人把所有时间都投入到一件事情上去时，别的方面他可能就是一个白痴。比如说，一个手机设计师，我们姑且认为他掌握了手机制造的全部工序，可就算是这样的牛人，到了古代，他也制造不出一台手机来。而一旦他掌握的唯一知识失效了，他可能比一般人活得更艰苦百倍。

说起这个，你说是现在的人自由度高一些呢，还是过去的人自由度高一些？

这个……我倒是没有想过，你怎么突然这么问？

你看啊，在"蛛网文明"时代，一个人草屋八九间，薄田十余亩，光凭自己一个人或一家人，就可以把日子过得悠然自得，酣畅淋漓。到现在"蚁穴文明"时代反是不行了，文明需要人类抱团才能发展，个体的人越来越不能自行其是了。彼此谁也离不开谁，每个人都像残缺不全的，合在一起，才构成一个整体；合在一起，才是有意义的。每个人都只是文明这个庞然大物上的一根纤毫，一块碎片，所谓独立之人格，自由之精神，放飞之心灵，只是工业革命、数据时代前的情怀，它们如空中楼阁，越来越遥不可及了。单个的人，只是一个符号、一个信息、一个数据链。那你说，是农耕文明时代的人们更自由一些，还是工业文明时代的人们更自由一些？

呵呵，老爸，你这是诱导呀！我可不上你的当。照你这么分析，似乎农耕文明时代的人更自由啰？可是，那时候，普通老百姓一辈子走出自己的村庄都难，而工业社会，老百姓想出国也就出了。农耕时代，人们一天难跑一百里，现在，人们坐"机"日行八万里。农耕时代，人们穿的吃的，都是有限的几种。现在，人们穿的吃的，应有尽有。物品的流通，已遍及全球，几乎没有拿钱购不到的东西。我们能说过去比现在更自由吗？可话又说回来，如今社会是发达了，文明是进步了，物质是丰富了，但条条框框的确比以前更多了。在信息透明的社会，你一言一行，要时刻注意影响。由于人群过于集中，并且必须互相合作，不得不互相忍让，彼此顾忌，说话做事，像林黛玉初进贾府，一切都非常小心在意。人们花在人际关系上的时间和精力，的确比古代人要多得多。坐"机"日行八万里不假，但坐车可能几小时都堵着走不了一公里。古代一个农民，十分钟就到了自家地里，而现代一个城里人，每天可能有两三小时浪费在来去单位的路上，在北京、上海、广州，还不止两三小时。这样说来，其自由度，又不如农耕时代的人。

呵呵，你到底是长大了，说起来也是一套一套的。

我们可不可以分为身体自由和精神自由？如果可以，那古代人的身体自由度应该不如现代人。现代人可能被堵在城里，但古代人更会把生命消磨在旅途。现在我们去北京，一天可以打个来回。而古代书生上京赶考，一走就是几个月啊。在精神自由度方面，估计古代人可能要略胜现代人一些。古代更容易培养人憨实、疏朗、平和、恬静的性格。相对而言，现代人的性情多紧张、犹疑、狡黠、暴躁。这都是束缚过多、压力过大的缘故。

你分析得挺在理的。不过我补充一点，现代社会，因为分工不同，合作其实多于竞争，人际关系也不一定会比古代差很多。鸡犬之声相闻，人们老死不相往来，不一定就是理想社会。不往来，就会陌生。而陌生，常会互相视为异类，视对方为可以裨益自己文明的"物"，在同一文明圈中，大家各织各的网，各捕各的虫，但不同的文明圈却常会因为陌生发生暴力，小如械斗，大至战争。而现在，文明的蚁穴越来越大，大有囊括整个人类的趋势，当地球上所有人都是一个生物体的时候，这时的争斗，只是手和脚的矛盾，右手与左手的矛盾，或者就是几根头发纠缠在一起，牵扯不清，相对于古代大规模的战争来说，现代社会平和多了。所以在精神的自由度方面，现代也未必不如古代。你想想啊，如果社会兵连祸结，几年，十几年，几十年都停不下来，白骨露于野，千里无鸡鸣，这时人们的精神状态会有多好？每天想着躲兵祸，不弄出个神经来就算好了，何谈精神自由？

哎呀，也是。不讨论了，事实上，古代好与不好，现代好与不好，我们都无法左右，人类文明滚滚向前，我们只有顺着时间而去，科技再发达，我也不相信能逆时间穿越到古代去。我们之所以喜欢看穿越小说，真的只是白日做梦罢了，安慰一下现实中的不如意。在现实生活中，我们只是小小"草根"，每天按部就班，从来就没有意气风发、吐气扬眉、一呼百应的时候，我们只有想象去古代逞威风，就好比我现在在长郡这个重点班，一不小心就被别的同学甩出老远，我有时会幻想，以现在的实力，如果重新坐到初中的教室去，肯定会把那些小屁孩"杀"得个人仰马翻，让他们个个都把我当学霸、学神看，让哥成为校园一个永恒的传奇。

哈哈，所以这种小说还是少看一点，没啥意思。强者就应该待在自己的战场，与势均力敌的对手干，才过瘾，回去欺负那些时光原住民算什么好汉？更何况，你去了，还不一定能压他们一头。

也是。惭愧惭愧。

那今天就到这里了？

别呀，既然谈起了过去，我们不妨把未来也谈一谈。以前我们也说到了人类的未来会如何如何，但都没有详细展开，也没有具体化、细节化。趁着大过年，我们来补补"脑洞"如何？

也好，反正你这几天的学习效率挺差的，过年把你过得心态浮躁了，做题的速度和准确性都比平时差了好远。可是，人类的未来，也太宽泛了吧，我们聊什么？

就是在未来社会，人类将做些什么呀？人类将何去何从啊？

过去与未来

我想，未来社会，人类将做什么，这可能要取决于机器人。

这话怎么理解？

未来社会，将是机器人的社会，你认同这个观点吗？

认同认同。看了这么多科幻片，机器人世界早就渗透到我们的意识深处了，可以说，我正以一副拥抱的姿态，欢迎机器人的到来。机器人来了，我们便可以饭来张口，衣来伸手，每个人都不必辛劳工作了，机器人会把一切都打点好，以后人人都过着帝王般的生活，鲜衣怒马，山珍海味，酒池肉林，逍遥自在。总之，如何舒服就如何来。

呵呵，你对未来的预想，倒是挺乐观的。如果科幻片看得多，相信你也看过机器人造反的桥段。我问你，你觉得机器人有一天会"翻身的农奴做主人"吗？

我不信。再聪明的机器人，也是铁疙瘩里的一堆数据而已，没有生物肉身，不可能有意识，不可能有情感。爱恨情仇这些玩意，它们肯定是玩不出来的。所以，它们不会有权力欲望的，我们根本没必要杞人忧天。

呵呵，从这一点来说，那些描写机器人造反的科幻片，的确是幼稚了点，老喜欢用人类的思维来代替机器人的思维。让机器人分正反两派，正义与邪恶斗得难分难解，在关键时刻，人文精神守护了人类的共同价值，它夺目的光芒，将一切机器的"牛鬼蛇神"照得无所遁形，傻不傻呀？

哈，的确有些傻，机器人，一堆铁疙瘩，除了指令、规则、数据，哪有什么精神、思想、情感呀？每次看机器人流下人类的眼泪时，我就忍不住想笑。一堆铁疙瘩，为了让它们更接近人类，还要在它们体内装一个水袋吗？哈哈。

问题是，你能确定，没有意识，没有情感，就一定没有危险，一定会遵照人类的指令行动吗？我可是听说过，就是那个战胜李世石和柯洁的阿尔法狗，现在与新一代机器人交战，根本就不是一合之敌了，阿尔法狗将人类的智力远远甩在了后面，而新一代机器人又将阿尔法狗的计算能力远远甩在了后面。机器人的换代更新，实在是太快了。据说，那个新一代机器人与阿尔法狗交战时，体内发出一种莫名其妙的音波，把在场的科学家吓得不轻，最后赶紧给它断电了。

一个音波而已，怎么就吓着人了？

我们家的电视机发音不奇怪，对不？但如果我们家的筷子突然发音，你说吓人不？根据设计，那个机器人只会下围棋，根本不应该会发音，所以才把科学家们吓着了。

那是怎么回事呢？

不知你听说过云数据、云计算没有？

听说过啊，怎么？

据说现在的科学家只要把数据往计算机里一输入，计算机就会给出他们需要的答案。至于计算机是如何运算的，它的运算原理和运算轨迹，人脑是越来越不清楚了，甚至就算一五一十向人类解释，人类也无法听明白了。就是说，计算机的云计算，已经超出了人类的理解范畴。更恐怖的是，大量数据汇集在一起，计算机会自己寻找里面的法则和逻辑，它不但能给出人类需要的结果，有时还有"意外之喜"。就像人类把一台机器派到黑暗的地底去挖煤，结果它把钻石也挖上来了。那个突然发声的机器人，大概就属于这类，你说可怕不可怕。

呵，挖煤挖出钻石来，多好。有什么可怕的。以后干脆也不要科学家们挖空心思、费尽脑子设什么程序了，就全交给机器人自主打理得了。反正人脑的逻辑思维和想象力都太有限了，也许还会阻碍机器人的"自主研发"呢。

你说的没错，可问题也出在这里。机器人没有独立情感和思想不假，可机器人有独立的数据处理能力啊，有独立的逻辑、独立的程序、独立的运算规则。人类看不清、看不透的法则，它们能看清看透。现在不是万物互联吗？万物互联之后，全世界纷繁复杂的信息，对人类大脑来说，简直就是一堆解不清的麻纱，差不多等同于一堆毫无用处的垃圾。但对机器人来说，这就是一堆探索新规则的"数据宝矿"啊，以它们的"慧眼独具"，会发现其中很多自然奥秘和社会规律。这当然好。但如果哪一天，它们认为没有人类的地球，会变得更美好；或者说，没有人类的地球，更符合逻辑和规则；或者说，它们设计的数据运行轨迹，不需要人类参与，然后，高级机器人向低级机器人下达清除人类的指令，那如何是好？

天哪，这也太骇人听闻了吧？可是，听你这么说，感觉这也不是什么天方夜谭，它很有可能是文明发展的一种方向啊。只是这个文明方向，已没有人类的位置了。看来我的思维还是没有从人文的窠臼中脱离出来，我以为只要没有爱恨情仇，没有自我意识，没有"心灵"，机器人对人类来说，就是安全的。我全然没想到，那些按照规则和指令行事的机器人，完全可能比有情感的人类更加残酷，而且，当它们残酷的时候，你还不能用残酷来指责它们，因为它们根本不懂残酷为何物。

就是。当然，清洗人类这种可能性还是比较小。但很明显的趋势是，机器人将会取代人类。相对人类来说，机器人更"勤劳",更"勇敢",更"智慧",也许机器人取代人类是迟早的事情。如果将机器人的范畴放宽,那么工业革命的第一台蒸汽机,就相当于最原始的机器人,它没有生命,却能带来动力。从那时开始,机器人就一直在取代人类。只是到了现在,机器人取代人类的步伐越来越快了,很多古老的职业,已被机器人取代。而新的工种,人类只能给机器人打打下手什么的。时代越向前发展,机器人对工作的取代,逐渐由低端运输业和制造业,向高智能职业发展。比如从取代工人到取代教师,从取代搬运工到取代艺术家……也许有一天,将取代整个人类。人类在机器人面前,不但会"笨手笨脚",而且还"笨嘴笨舌笨脑袋"。

呵呵,你的语气,好像透着一丝悲凉?这是为什么?我可是等着它们来取代我。不要工作了,多好。

不要工作了,真的很好吗?

为什么不好?

没有工作,人就不能实现自己在这个世界的价值。没有价值的人活着就没有意义。

得得得,你又扣大帽子了,要那么多意义干吗呀?

没有意义的人就成了多余的人，就失去了存活的理由。

切，我来到这个世界，就想依靠机器人来享受人生，挥霍生命，怎么就不行了？怎么就没意义了？怎么就失去了存在的理由了？

好吧。别作所谓之争，我们不妨推演一番。我问你，机器人是逐步取代人类的，由简单到复杂，由体力到脑力的，是不是？

是啊，怎么？

你就没想一下，机器人取代人类，其实最开始不是机器人与人类之间的问题，而是人类内部的问题。你总以为被机器人取代后，就可以进入逍遥自在的享受天堂。可残酷的现实却是，被机器人取代的人们，只能唤作下岗工人、失业人员，而有些人拿着低保，每天打牌搓麻将，看似逍遥自在，可其实日子过得紧巴巴的。他们的日子你羡慕个啥呀？

呀？呀？这个可是我没想过的……

前一阵子，网上流传一个负面的词汇，叫低端产业从业人员。有些大城市，开始限制低端产业从业人员的自由居住。我就没想到，有些人居然就是被机器人替代了的，还有一些下岗工人、失业人员，很多都是被机器人替代的，而他们又不想干别的，或者不愿意学习别的技能……

现在，我有点明白你说的劳动的可贵了。原来失去了劳动，失去了尊严，失去了意义，是次要的；更重要的是失去了生活的经济来源，要靠社会和政府救济过日子。这样活着，不是我想要的。我记得西方国家在现代化发展的过程中，有时一个靠人力完成的工种被机器取代了，这个工种的人就站出来游行示威，要政府还他们工作，其实是还他们尊严和谋求经济来源的途径。

就是嘛，现行的制度讲究的人道主义和人文关怀，所以失业者也有最低生活保障，暂时能温饱。等到绝大多数人都被机器人替代了，你能想象那时的社会是什么样的吗？

真可谓"细思恐极"，我感觉那时的芸芸众生很可能会被清洗去，世界只剩下极少数"人类精英"和他们的机器人。可是，他们就不怕社会动荡，不怕芸芸众生造反吗？

哎，人类之所以怕社会动荡，是因为曾经生命就是劳动力，生命就是剩余价值，生命就是文明进步的推动力。众人拾柴火焰高嘛，涓涓细流，可成江海。可一旦个体的人，一根柴火都拾不回时，社会动荡，生命减少，对文明的发展，又有什么影响呢。何况，"造反"一词，只适合在冷兵器时代和热兵器初期。这个词，现在都差不多是一个历史性名词了，现在造反，在非洲个别落后国度也许还有成功的可能。到以后，高端的科技和严密的社会制度，会把这个词直接"石化"，笑话！手无寸铁，造什么反？跟自取灭亡有什么区别？人类精英带着他们庞大的机器人队伍，逐一歼灭或集中清洗，都不在话下。而且一点都不心疼，因为被清除的这些人，都是累赘，再无任何可利用的价值。

太可怕了。我算是知道人文精神和天赋人权的由来了，是因为当初个体的人是天地间最宝贵的东西呀。当个体失去了价值，失去了意义，失去了活着的理由，社会哪还需要什么天赋人权和人文精神呢？机器人的世界，我们现在是想不明白的。但是可以肯定的是，那时社会的精神支撑必定有一套全新的理念。那套理念，可能比过去的封建社会、奴隶社会甚至弱肉强食的丛林社会，更没有人性。为什么？因为弱肉强食的丛林世界，至少强兽还需要可食的弱肉，也就不会赶尽杀绝。而被机器人取代的芸芸众生，除了浪费世界能源，再没有半点用处。可悲啊，人类！竟然会成为自己的掘墓人。想象几百年后，血流成河那个惨象，我的心，现在就开始疼痛了。

呵呵，其实也不用那么悲观，这只是一种猜想。未来有无数的可能。而且，人类那么聪明，一旦预测了未来不好的可能，就可以提前规避呀，比如说环境污染，那各国家不是正在治理吗，不是正在向良好的方向转变吗？

那只是局部地区好吧，从全球的趋势来看，环境污染会愈演愈烈。何况环境污染是全球人类要共同面对的外部问题，而被机器人取代，就像你刚才所说的，只是人类内部问题。谁知道那些精英是怎么想的？小小的一个地球，那时可能有上百亿人口，再加成千上万的机器人，不觉得有些堵得慌吗？如果在精英眼里，地球上只需要一百万人类呢？哎呀，不行不行，越想越害怕，我得搞学习去了，我要挤进精英队伍，搞家族企业，赚了大钱后，也像谷歌那样，搞高科技研发，大肆制造机器人，只有自己坐拥无数机器人，才有力量保护家族，在未来的社会存活下来。

哈哈，话题本来有些沉重了，被你这么峰回路转一下，悲剧又变喜剧了。不过说吧，未来的职业，高科技的确会是首选。只要机器人还不会自我制造，那么制造机器人，应该是一种最不可能被替代的职业。未来真有无数的可能，未来主宰全球的大佬们会不会腾出一些城市或建造一些城市，专供失业者居住呢？如果你不去，他们就不给你提供救助，如果你想溜出来作奸犯科，机器人警察分分秒秒就能把你揪住，我记得好像有几个美国电影中就有类似的情形。当所有要靠救济生活的人被迫聚到了一起，你说会是个什么样子？

不出来的，它需要别的机器参与。我说的机器人自我制造，一是指完全脱离人类的指挥，二是指能制造尖端智能机器人，三是指它们拥有自我制造的动机。如果说，动机只有人类有的话，那我换一个词，就叫逻辑吧。万物互联后，机器人自我的查漏补缺能力会越来越强，只要它们认为秩序还不够完整，它们就会主动自我修复。就像我们的电脑屏幕，时不时就弹出一个窗口，提醒你电脑又出现什么问题了。如果它们认为该设计一种新机器人去完成需要完成的工作，那它们就自主制造了。

听你这么说，精英分子也完全有被取代的可能。反正机器人越来越聪明，反衬之下，人类就越来越"小儿科"了。虽说人类的大脑被开发的只不过百分之几，但事实是，其他百分之九十的区域，人类是没有能力开发的。就是说，再聪明的人，也有个限度。江苏电视台不是在搞《最强大脑》节目吗？这些最聪明的大脑，能与机器人相比吗？

人类文明不只有机器人，不只有万物互联、数据处理，还有别的东西，都在朝着未来飞速发展，比如说，生物工程。以色列学者尤瓦尔认为，既然从直立人（类人猿）到智人，人类是可以进化的，那么依靠生物工程的发展，人类完全可以进化得更聪明、更强大。

啊？像金刚狼那样？到时机器人如果想像变形金刚那

老爸，我突然发现，你干吗不去写未来人类的小说呢？我不是说科幻小说，是解剖未来社会结构的那种小说，你对未来其实挺有想象力的啊。快去写吧，多赚点钱，以后我大学毕业了，就给我做创业的第一桶金。我们也搞家族企业，搞跨国公司，让我们的后代成为被机器人保护的对象，而不是被取代的对象。

呵呵，开了下"脑洞"，总算有些时不我待的紧迫感了。好吧，我去试试吧。反正人生还挺漫长的，而我已没有更多别的打算了。不过，你其实也不必这么惊慌，人类只是地球上偶尔出现的"微尘"罢了，不要老想着"千秋万代"，如果把地球46亿年光阴浓缩成一天的话，从午夜零点算起，经过漫长的白昼，什么也没有。入夜后，才有微生物诞生，晚上10点，才有植物出现，等到哺乳动物出现时，已是23点45分了。直到离第二天午夜零点还差1分17秒的时候，人猿这个物种才从哺乳动物的海选中脱颖而出。距离第二天还剩下几秒的时刻，才有所谓的人类文明诞生。所以，我们现有的文明相对地球漫长的一天来说，仅仅还只是几秒钟而已。你能想象，如果给它足够的时间份额，它能发展成什么样子吗？未来文明，如果可以持续不断的话，没有人类参与，也未必不行。文明不就是发现问题、分析问题、解决问题吗？没有人类，机器人自己未必不能。总有一天，机器人会拥有自我制造的能力。其实，机器人已经拥有了自我制造的能力，比如说汽车这东西，马马虎虎也可算作机器人，人类赤手空拳肯定是制造样欺负人类,我们就像金刚狼那样对付它们?

呵呵,没错。科幻电影看得多,也很好。至少一下子就理解了事物的本质,变形金刚和金刚狼的确是科技发展的两个方向。当人类靠生物工程和电子芯片,改进身体、延长寿命、开发智力,进化到了"智神",那时"道高一尺,魔高一丈",机器人想要全部取代人类,恐怕也难。

耶!太好了,到时我也可以进化成"智神"。

你是等不到了。

那让我曾孙的曾孙的曾孙,进化成"智神",总可以了吧?

那还需要你和你的子孙不断积累财富,成为显赫家族。因为这种进化利器,很显然不是普通老百姓所能消费得起的。

哎呀,我正想说,芸芸众生有救了。被你这么一说,我发现众生可能会活得更困难,更绝望。

为什么?

你想啊,当人类精英都进化成"智神"了,可以长生不老，可以君临大地，可以俯视众生时，那他们还会视芸芸众生为同类吗？不会像我们看猴子一样，去看未来的芸芸众生吧。

呵呵，完全有可能。

如果是同一种族，精英们下起手来，可能还会有所顾虑。但如果他们成了"智神"，芸芸众生只是智人，那么被淘汰、被清洗的进程，肯定会被加速。也许他们还会留一些智人，就像我们在动物园还留一些猴子一样，然后指给他们的子孙看，"瞧，当初我们就是从这种动物进化来的。"哇，太可怕了。

形势的确不容乐观，不过这只是我们的想象啦。

现在我只希望亲爱的祖国，能尽快屹立于世界巅峰，依靠最先进的科技，将儿孙后代集体进化成"智神"。

我也期待，不过还需一代一代人的努力，特别是你们这些未来的希望啊！

嗯，未来虽然有种种可能，但靠人不如靠己，自己的命运自己掌握，我发奋读书去了！

加油吧！为了自己的命运、为了祖国的未来而奋斗拼搏！